あの子の発達障害がわかる本

ちょっとふしぎ

2

学習障害 LDのおともだち

内山登紀夫＝監修

ミネルヴァ書房

はじめに

あなたは学校が好きですか？　授業《じゅぎょう》は楽しいですか？　べんきょうは得意《とくい》ですか？

「国語は好きだけど、算数はあんまり……」とか、「授業はおもしろいけど、テストはきらい」とか、いろんな人がいるはずです。けれども、ほとんどの人が、「苦手なこともあるけど、まぁ、なんとかやっている」という感じなのではないでしょうか。

でも、もし、極端《きょくたん》に苦手なことがあって、先生の話がまったくわからなかったり、いつも質問《しつもん》に答えられなかったり、テストで悪い点ばかりとっていたりして、授業についていけなくなってしまったとしたら、どうでしょう。どんどんべんきょうがきらいになって、自信《じしん》がなくなり、学校に行くことさえ、おっくうになってしまうかも……。

あなたのそばに、そんな人がいるかもしれません。読み書き、計算など、どうしても苦手なことがあって、どんなにがんばっても、みんなと同じようにやれない、わからない。そして、それは、学習障害（ＬＤ）のせいかもしれないのです。

ＬＤの人は、生まれつき脳《のう》の働《はたら》き方にばらつきがあるため、見え方や聞こえ方がみんなとちがいます。そのため、みんなと同じ学び方では、うまくいかないことが多いのです。

ＬＤの人たちにはどんな特徴《とくちょう》があるのか、どんなことで困っているのかを知ってほしくて、この本をつくりました。

まわりが理解《りかい》し、その人それぞれに合った方法を工夫《くふう》できれば、ＬＤの人たちも楽しく授業に参加《さんか》することができるはずです。「こんな方法はどうだろう」「わたしだったらこうするかも」と、想像力をふくらませながら読んでみてください。

【もくじ】

第1章 なんでこうなるの？ どうすればいい？

第2章　どこがちがうの？　学習障害（LD）の子の得意なこと・苦手なこと

《この本の構成》

第1章 なんでこうなるの？ どうすればいい？

学習障害（LD）の子の行動の背景《はいけい》にある感じ方やとらえ方を知るための章です。4人のおともだちのふしぎな行動について紹介《しょうかい》しています。

さいしょのページ

みんなが「ふしぎだな」「何でそうなるの？」ととまどってしまう場面《ばめん》を、紹介しています。

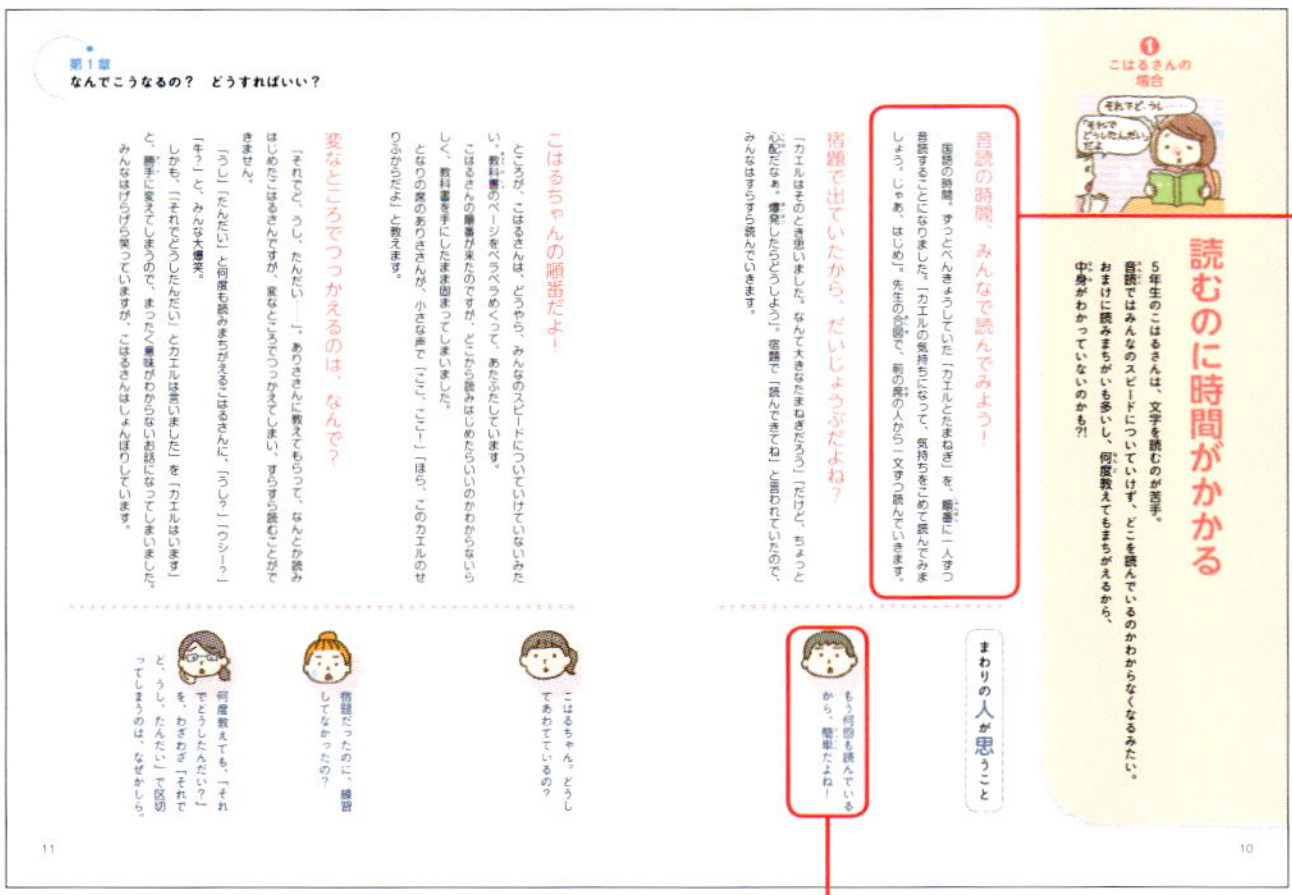

よくあるエピソードを紹介しています。

その場にいた、みんなの感想です。

つぎのページ

どうしてそうなってしまったのか、LDのおともだちがどんなふうに感じていたのか、本人の視点で解説《かいせつ》します。

LDの子の、心の声を表しています。

エピソードをふりかえりながら、LDの特性を解説します。

LDの子のとらえ方を知って、みんなが感じたことです。

さいごのページ

どうすればうまくいくのか、どんな工夫《くふう》ができるのかを考えてみます。

第1章 なんでこうなるの？ どうすればいい？

こうすれば、うまくいきそう！

1 読むところを、あらかじめ教えておく

2 ゆっくりでいいよと伝える

3 読みやすいように印をつける

CHECK POINT
読むのに時間がかかっても、読むこと自体がいやにならないように

読むのが苦手な子の場合、いくつかの原因が考えられます。なぜスムーズに読めないのかを探り、その子に合ったサポートを取り入れましょう。

●文字をスムーズにおうことができているか（どこを読んでいるのか、わからなくなっていないか）。

●読んだ文字から、音を思い浮かべるまでに、時間がかかっていないか。

●言葉を正確におぼえているか（文字と音がむすびついているか）。

●読めないことに自信をなくしてしまっていないか。

●線を引く、単語を丸で囲むなど、読みやすいサポートをおこなっているか。

●本人のペースで読めるよう、時間をとってあげているか。

その子の特性をふまえて、うまくいきそうな方法を紹介しています。

LDの子の感想を言葉《ことば》に表しています。

理解《りかい》を深めるために、とくにおさえておきたい大切なポイントをおさらいしています。

第2章 どこがちがうの？ 学習障害（LD）の子の得意なこと・苦手なこと

この章では、LDについて、さらにくわしく解説しています。

❶では、LDはどのような障害なのか、その特徴《とくちょう》を紹介します。

❷では、LDの子が、多くの人とちがってどんなことが苦手なのか、説明《せつめい》します。

第2章 どこがちがうの？ 学習障害（LD）の子の得意なこと・苦手なこと

1 学習障害（LD）って何？ どんな人たちなの？

2 学習障害（LD）の子は、どんなことが苦手なの？

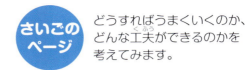

この本に出てくる おともだち 紹介《しょうかい》

5年生 こはるさん

おっとりして、やさしい雰囲気《ふんいき》。
人と話をすることが苦手らしく、
話しかけると、
顔が真《ま》っ赤《か》になって、もじもじ。
声も小さくて、
何を話しているのかわからない。
いつも一人で絵をかいている。

5年生 りょうさん

元気いっぱいで、
ユニークなお調子者《ちょうしもの》。
いつも積極的《せっきょくてき》に手をあげて
発言《はつげん》するけど、実《じつ》は字を書くのや、
ノートをとるのが苦手。
忘れっぽく失敗《しっぱい》することも多いけど、
立ち直りは早い、明るいキャラ。

3年生 だいきさん

なんでもよく知っているので、
「博士《はかせ》」とよばれている。
とくに、電車や恐竜《きょうりゅう》、
歴史《れきし》などにくわしい。
べんきょうも得意《とくい》で、
成績《せいせき》はトップクラス。
だけど、実は算数が苦手。

3年生 さくらさん

おしゃべりで楽しい、
ムードメーカー。
ダンスが得意で、アイドルが目標。
べんきょうは好きじゃないらしく、
ついていくのに、せいいっぱい。
授業中《じゅぎょうちゅう》は、
かりてきた猫《ねこ》みたいになる。

第1章
なんでこうなるの？どうすればいい？

がんばっているのに、できない。
聞いていたはずなのに、わからない。
ミスや失敗《しっぱい》が多い。
学習障害（LD）の子どもたちは、
学校のさまざまな場面《ばめん》で、
苦手なことやできないことがあり、困っています。
本人がどう思っているのか心の声に耳をかたむけ、
どうすればうまくいくのか、いっしょに考えてみましょう。

❶ こはるさんの場合

読むのに時間がかかる

5年生のこはるさんは、文字を読むのが苦手。音読《おんどく》ではみんなのスピードについていけず、どこを読んでいるのかわからなくなるみたい。おまけに読みまちがいも多いし、何度《なんど》教えてもまちがえるから、中身《なかみ》がわかっていないのかも?!

音読の時間、みんなで読んでみよう！

国語の時間。ずっとべんきょうしていた「カエルとたまねぎ」を、順番《じゅんばん》に一人ずつ音読することになりました。「カエルの気持ちになって、気持ちをこめて読んでみましょう。じゃあ、はじめ」。先生の合図《あいず》で、前の席《せき》の人から一文ずつ読んでいきます。

宿題《しゅくだい》で出ていたから、だいじょうぶだよね？

「カエルはそのとき思いました。なんて大きなたまねぎだろう」「だけど、ちょっと心配《しんぱい》だなぁ。爆発《ばくはつ》したらどうしよう」。宿題で「読んできてね」と言われていたので、みんなはすらすら読んでいきます。

まわりの人が思うこと

もう何回も読んでいるから、簡単《かんたん》だよね！

こはるちゃんの順番だよ！

ところが、こはるさんは、どうやら、みんなのスピードについていけていないみたい。教科書《きょうかしょ》のページをペラペラめくって、あたふたしています。

こはるさんの順番が来たのですが、どこから読みはじめたらいいのかわからないらしく、教科書を手にしたまま固まってしまいました。

となりの席のありささんが、小さな声で「ここ、ここ！」「ほら、このカエルのせりふからだよ」と教えます。

変なところでつっかえるのは、なんで？

「それでど、うし、たんだい……」。ありささんに教えてもらって、なんとか読みはじめたこはるさんですが、変なところでつっかえてしまい、すらすら読むことができません。

「うし」「たんだい」と何度も読みまちがえるこはるさんに、「うし？」「ウシー？」「牛？」と、みんな大爆笑。

しかも、「『それでどうしたんだい』とカエルは言いました」を「カエルはいます」と、勝手《かって》に変えてしまうので、まったく意味がわからないお話になってしまいました。

みんなはげらげら笑っていますが、こはるさんはしょんぼりしています。

こはるちゃん。どうしてあわてているの？

宿題だったのに、練習してなかったの？

何度教えても、「それでどうしたんだい？」を、わざわざ「それでど、うし、たんだい」で区切ってしまうのは、なぜかしら。

①
こはるさんの場合

なんでこうなるの？

こはるさんは、どう思っているのかな？

読むのに時間がかかる

私は文章《ぶんしょう》を読むのに、みんなより時間がかかってしまうみたい。本を読むのも、プリントや掲示板《けいじばん》なんかを読むのも、すごく大変《たいへん》。

みんなで音読するときは、読むスピードについていきたいから、実《じつ》は教科書は読まずに、人が読むのを聞いて、おぼえているの。それで、少し遅れて、おぼえたことを暗唱《あんしょう》して、読んだふりをしていたんだ。

まちがえておぼえてしまう

だけど、ちゃんとおぼえるのはむずかしいから、文の終わりがちがう言い方になったり、つなぐ言葉《ことば》が別の言葉になったりしちゃうみたい。

音読していると、ついていくのに必死《ひっし》で、中身までわからずに読んでいるときもある。

ぼくたちがパッと読んじゃうものでも、こはるさんは読むのに時間がかかるんだね。読みまちがいはすごく多いけど、いっしょうけんめい読んでいるよね。

今まで、おぼえて読んでいるふりをしていたなんて、逆にすごいよね。

こはるさんには、こんな特徴《とくちょう》があります。

知っておきたい
学習障害（LD）

目で見た情報《じょうほう》の処理《しょり》に時間がかかる

こはるさんは目で見た情報を脳《のう》の中にインプットして、処理し、音としてアウトプットするという情報処理が苦手です。そのため、他の人のように読んだ文字の音を、すぐに思い浮かべて、発声《はっせい》することができません。

耳からおぼえるのは得意《とくい》だけど……

一方で、耳から聞いたことをそのままおぼえるのは、比較的《ひかくてき》得意なようです。なので、こはるさんはみんなが読んでいるのを聞いておぼえ、少し遅れて読んでいるふりをしていました。けれども、正確《せいかく》におぼえることができないので、細かいところで言いまちがえていたのです。

どこで区切っていいかわからない

言葉のまとまりをとらえることが苦手なので、「それでどうしたんだい」などの文章を読むときには、どこで区切ったらいいのかがわからなくなるようです。単語《たんご》の途中《とちゅう》で改行があると、とくに混乱《こんらん》してしまいます。

どこで区切っていいのかわからない

文字をどこで区切っていいのか、わからなくなってしまうこともあるの。とくに行《ぎょう》がちがってしまうと、一つの言葉かどうかわからない。自分では書いてあるとおりに読んだつもりなのに、「ちがうよ」って言われると、すごくあせる。みんなと同じように、すらすら読めるようになりたいなぁ。

そんなに読むのに苦労しているなんて、知らなかった。気づいてあげられなくて、ごめんなさい。

❶ こはるさんの場合

こうすれば、うまくいきそう！

1 読むところを、あらかじめ教えておく

教科書の12ページを
3行分、読んでもらいますね

順番に読むときには、どこがまわってくるのかわからなくて、こはるさんはドキドキしてしまうようです。あらかじめ、こはるさんに読んでほしいところを伝えておくことにしました。

みんなについていけなくて、どこを読むのかわからなくなっていたから、あらかじめ教えておいてもらえて、ほっとした。

2 ゆっくりでいいよと伝える

そのとき
カエルは
ゆっくりでいいよ

みんなのスピードについていかなければならないと思うと、こはるさんはよけいにあせってしまうようです。ゆっくりでもいいので、正確に読む練習をすることにしました。

ゆっくりでいいなら、わたしも、まちがえずに読めるかも。

CHECK POINT

読むのに時間がかかっても、読むこと自体がいやにならないように

読むのが苦手な子の場合、いくつかの原因《げんいん》が考えられます。なぜスムーズに読めないのかを探り、その子に合ったサポートを取り入れましょう。

❶文字をスムーズに追うことができているか（どこを読んでいるのか、わからなくなっていないか）。

❷読んだ文字から、音を思い浮かべるまでに、時間がかかっていないか。

❸言葉を正確におぼえているか（文字と音がむすびついているか）。

❹読めないことに自信《じしん》をなくしてしまっていないか。

❺線を引く、単語を丸で囲むなど、読みやすいサポートをおこなっているか。

❻本人のペースで読めるよう、時間をとってあげているか。

3
読みやすいように印《しるし》をつける

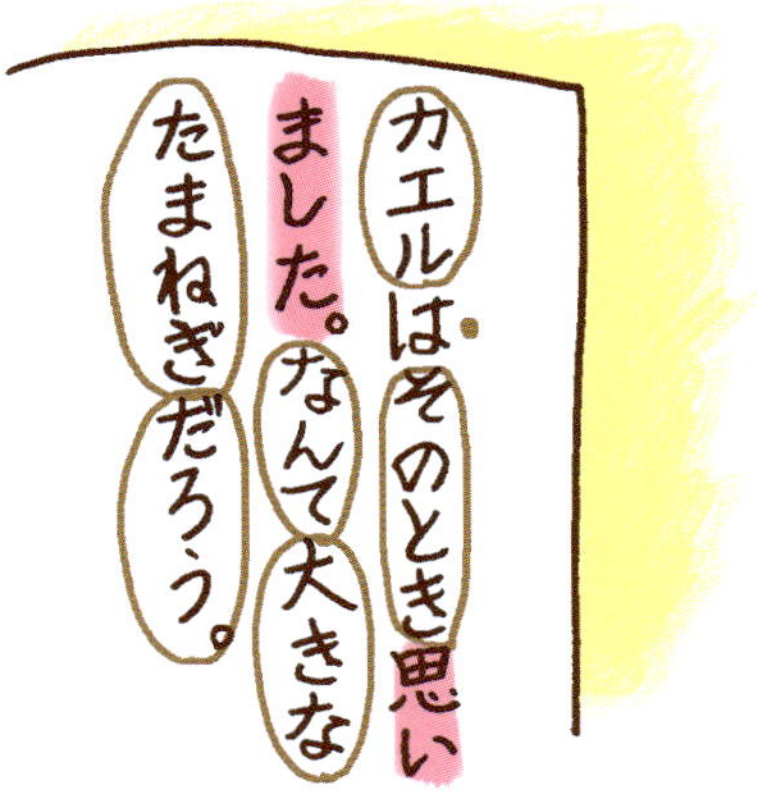
カエルは・そのとき思い
ました。なんて大きな
たまねぎだろう。

こはるさんが読みやすいように、印をつけるように教えました。たとえば、言葉のかたまりは丸で囲んで、つなぐ言葉に「・」をつけます。行が飛んでいると、とくにわかりにくいので、蛍光《けいこう》ペンで色をつけるようにしました。

印をつけたり色をつけたりすると、読みやすくなるし、わかりやすくていいね。

❷ こはるさんの場合

話の中に入れない

こはるさんは、おとなしくって、あんまりみんなと話をしてくれない。休み時間も、ずっと、一人で本を読んだり、絵をかいている。クラス委員《いいん》のあきこさんが気をつかって、話しかけてみたんだけど、もごもご言ってて、なんだかよくわかんない。どうしたら、こはるさんと仲良くできるの？

みんな楽しそう。だけど、こはるさんは……

いつも、にぎやかな休み時間。今日も、女の子たちは人気のアニメの話でもりあがっています。「きのうのポケレンジャーみた？」「みたみた！　最後《さいご》がびっくりしたよね」「まさか、あの魔法《まほう》つかいが敵《てき》だったなんてね」「ちがうんじゃないの？　本当は」と、話はつきません。

こはるちゃんも、いっしょに話そうよ！

こはるさんは、いつも一人でポツーン。仲間《なかま》はずれにされているわけではないのですが、絵をかいたり本を読んだりしていて、話の輪《わ》の中には入りません。こはるさんのことを心配しているクラス委員のあきこさんが気をつかって、「こはるちゃんは、

まわりの人が思うこと

みんなが話していると き、こはるさんはいつもだまっているけど、おしゃべりがきらいなのかな？

こはるちゃん。一人ぼっちで、さみしくないのかしら。

ポケレンジャーみているの?」と話しかけます。

話しかけてみたら、うれしそうだけど

あきこさんに話しかけられて、こはるさんはちょっとうれしそう。「うん」とひかえめにうなずきます。

「こはるちゃんは、どう思う?」「あの魔法つかいは本当に敵なのかな?」。次々に、みんなが話しかけると、こはるちゃんはもじもじ……。

いったい、何を話したいのか、わかんないよ

「あの……。わたしは……。テレビ、魔法。こわくない。ちがう……」。

いっしょうけんめい何か言おうとしているのはわかるのですが、声も小さいし、聞こえにくい。それに、しどろもどろで、何を話したいのか、さっぱりわかりません。

「えっ?　なに?」「聞こえないよ。どうしたの?」。みんなは、こはるさんの話を聞き取ろうと耳をかたむけますが、「えっと、えっと……」と、言葉につまったこはるさんは涙目《なみだめ》でうつむいたまま、だまりこんでしまいます。

話しかけたあきこさんも、ほかのおともだちも、みんな、困ってしまいました。こはるさん、おしゃべりがきらいなのかな?

たまに話すと、意味《いみ》のわからないことを言うのは、なんでかな？

べんきょうはできないわけじゃないのに、話すのは極端《きょくたん》に苦手みたい。

❷ こはるさんの場合

なんでこうなるの？

こはるさんは、どう思っているのかな？

うまく話せる、自信《じしん》がないの

みんなの話は聞こえているし、意味もわかってる。

でも、話そうとすると、うまく話せなくて、みんなに「何言ってるのか、わかんない」って言われるから、話すのがこわくなってしまった。だから、休み時間は一人で本を読んだり絵をかいたりしているの。

本当は、みんなとおしゃべりしたいんだよ。

言葉《ことば》を思い出すのに時間がかかる

言葉をおぼえるために本を読んだり辞書《じしょ》をみたりしているけど、頭の中で思い浮かべたものの名前を思い出して、おしゃべりするのはむずかしい。言葉を思い出すのに、とても時間がかかるのよ。

わたしたちの話は聞いていたんだね。おしゃべりに興味《きょうみ》がないわけじゃ、なかったんだ！

うまく言葉を思い出せないって、もどかしいね……。こはるちゃんが話すのを、ゆっくり待ってあげたらよかったなぁ。

こはるさんには、こんな特徴《とくちょう》があります。

知っておきたい
学習障害（LD）

言葉で表現するのに時間がかかる

　こはるさんは、決して、みんなとおしゃべりしたくないわけではありません。こはるさんの頭の中には「話したいこと」「言いたいこと」が浮かんでいるようですが、その言葉を音声として発するまでに時間がかかります。

会話をうまくつなげられない

　単語《たんご》をつなげるための「〜は」「〜を」や、文と文をつなぐ「けれども」「それで」などをうまく使うことができません。そのため、「テレビ」「魔法つかい」「こわくない」など、たどたどしい会話になってしまいます。

うまく話せる自信がない

　自分の言いたいことがうまく伝わらない経《けい》験《けん》を何度《なんど》もしてきたことで、すっかり自信をなくしてしまい、みんなのおしゃべりの輪に入れなくなっているようです。

会話をうまくつなげられない

「わたしもテレビをみたけど、魔法つかいはこわい敵にみえなかった」って言いたかったの。でも、なんて言葉をつなげればいいかわからなくて、単語をならべただけになってしまった。わかりづらくて、ごめんなさい。

そうだったんだー。言いたいことが伝えられないって、つらいよね。

2 こはるさんの場合

こうすれば、うまくいきそう！

1 話す気持ちをなくさないよう協力《きょうりょく》する

こはるさんが「人と話したい」という気持ちをなくさないように、クラスのみんなに次のことに協力してもらいました。

・話しかけるときは、わかりやすく簡単《かんたん》に
・質問《しつもん》するときは、答える時間を十分にとり、ゆっくり待つ
・言葉につまったりまちがったりしても、笑わない

笑われるのがこわかったけど、これからはだいじょうぶだね。

2 自分のイメージを言葉で表す練習をする

放課後《ほうかご》、こはるさんが話しやすいテーマをえらび、話す時間をつくりました。「この動物は何？」「毛の色は何色？」「どんな鳴き声？」など質問しながら答えてもらい、こはるさんが自分のイメージを言葉で表す練習をしました。

大好きな動物のことなら、わたし、いっぱい話したいことがあるのよ。

CHECK POINT

楽しいコミュニケーションの機会をふやす！

話すことが苦手な学習障害（LD）の子は、どんどんひっこみじあんになることで、会話を練習する機会もへってしまい、ますます自信がなくなってしまいます。まずは、その子の興味があることから「話して楽しかった！」という経験をふやしていきましょう。

❶まわりの話は理解《りかい》できているのか。本人は話に加わりたいと思っているか。

❷どんなことに興味があり、どんな話なら積《せっ》極的《きょくてき》に話せるのか、まわりが把握《はあく》しているか。

❸自分のイメージを、ゆっくりでも表現できる機会がつくれているか。

❹言葉をまちがっておぼえたり、「て」「に」「を」「は」に苦労していないか。

❺うまく話せないことに、自信をなくしてしまっていないか。

3
話して「楽しかった」と思える機会《きかい》をもうける

こはるさんが話すのに慣れてきたら、おともだちにも協力してもらい、こはるさんの好きなテーマで、みんなと話す機会をもうけました。少人数《しょうにんずう》で、おちついてゆっくり話すことで、こはるさんも「楽しかった」と思えたようです。

みんながわたしの話を聞いてくれて、うれしかった！　おしゃべりって楽しいね。

❸ こはるさんの場合

じょうずに発表《はっぴょう》できない

内気《うちき》なこはるさんは、発表が苦手。先生に指名《しめい》されても、声が小さくて、何を言っているのかぜんぜん聞こえない。話し合いになると、いつもほとんど発言《はつげん》できなくて、下をむいているだけ。こはるさん、もっとはっきり話してよ!

夏休みの自由研究《じゆうけんきゅう》を、一人ずつ発表!

夏休みが終わった新学期《しんがっき》。夏休みの宿題《しゅくだい》だった自由研究について、一人ずつ発表することになりました。「地元《じもと》の商店街《しょうてんがい》について調べました」「ローカル線の写真をとってきました」などなど、楽しい発表が続きます。

こはるちゃん。声が小さすぎて、聞こえないよ……

いよいよ、こはるさんの番になりましたが、こはるさんはすごく緊張《きんちょう》しているみたい。「こはるさんは、何を調べたの?」、先生がやさしく声をかけましたが、小さな声でもごもご何かつぶやくだけで、ちっとも聞こえません。「もっと大きな声で!」「聞こえませーん」。いじわるな男の子たちが、いっせいにからかいます。

まわりの人が思うこと

いつも声が小さいんだよね。緊張しているみたいで、ちょっとかわいそう。

気《き》の毒《どく》だけど、あれじゃあ、ちっとも聞こえないよねえ……。

グループで意見交換《いけんこうかん》をするときも……

次は少人数のグループにわかれて、それぞれの自由研究について意見を言い合うことになりました。「近くの商店街にとうふ屋さんがあるなんて知らなかったよ」「朝、早くて大変《たいへん》なんだね」、みんな活発《かっぱつ》に意見を出し合います。

だけど、こはるさんはだまってうなずきながら聞いているだけで、まったく話し合いに参加《さんか》できません。

こはるさんは、言いたいことがないのかな？

司会《しかい》のみどりさんが「こはるさんはどう思う？」と聞いたら、こはるさんは「うーんと。えーっと」と答えようとするのですが、なかなか話がまとまらないのか、言葉につまってしまいました。こはるさん、みんなの発表を、ちゃんと聞いてなかったのかな？　何も意見がないのかな……。

いつまで待っても、こはるさんが意見を言わないので、困ったみどりさんは、「こはるさん。言いたいことが思い出せたら言ってね。じゃあ、次の人」と、こはるさんを飛ばしてしまいます。

結局《けっきょく》、こはるさんはひとことも意見が言えないまま、話し合いが終わってしまいました。

こはるちゃんって、あんまり話してくれないから、何を考えているのか、よくわからないよね。

しばらく待っていたんだけど、なんにも答えてくれないから、困っちゃった。

❸ こはるさんの場合

なんでこうなるの？

こはるさんは、どう思っているのかな？

もっとじょうずに話せるようになりたい

じょうずに話したいと思って、あれこれ考えているんだけど、いざ自分の番になると、頭が真《ま》っ白《しろ》になっちゃって、何から話したらいいのかわからなくなる。話したいことはいっぱいあったはずなのに、何を話したかったのかも忘れてしまうの。

自信《じしん》がなくて、どんどん声が小さくなる

いっしょうけんめい話そうとしても、「聞こえません」とか「もっと大きな声で」とか言われると、ますますドキドキして、大きな声で話せなくなってしまう。

どうしてハキハキ大きな声で発表できないんだろうって、自分でもいやになる。しっかり意見が言える人はうらやましいな。

話したいことや発表したいことは、たくさんあるんだね。

おもしろがって「聞こえません！」ってからかってしまって、ごめんなさい。そんなふうに気にしているって思ってなかった。

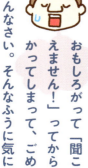

こはるさんには、こんな特徴《とくちょう》があります。

知っておきたい
学習障害（LD）

話を順序《じゅんじょ》だてて、まとめるのが苦手

こはるさんはじょうずに話したいと思っているのですが、いざ話す場面《ばめん》になると、どうもうまくいきません。話したいことが頭に浮かんでいても、それを順序よくならべて話にまとめたり、文章《ぶんしょう》にすることがむずかしいようです。

話しているうちに、わからなくなる

緊張しながら話していると、何を話したかったのか忘れてしまったり、どこまで話したのかわからなくなってしまったり、ますます混乱《こんらん》してしまいます。

思いをうまく伝えられる自信がない

いつも「じょうずに話せなかった」「失敗《しっぱい》した」という経験《けいけん》ばかりしているので、自信がなく、どんどん話す声も小さくなってしまいます。そのため、ますます人に伝わりづらくなり、コミュニケーションに苦手意識《いしき》をもっています。

考えているけど、すぐには言葉《ことば》にできない

話し合いのスピードについていけなくて、聞かれても、すぐには自分の意見をまとめられないの。なかなか言葉が出てこないから、みんなに迷惑《めいわく》をかけてるんじゃないかと思って、あせる。わたしが言葉につまっても待ってくれたり、「それで？」とか「なぁに？」とか相槌《あいづち》をうってくれたりすると、話しやすいのになぁ。

こはるちゃん、言いたいことを考えていたのね。これからは、こはるちゃんが話しやすいように待ってみるね。

❸ こはるさんの場合

こうすれば、うまくいきそう！

1
発表するときは、事前《じぜん》に準備《じゅんび》する

発表しなければならない場合には、あらかじめテーマを伝え、話したいポイントを整理《せいり》し、準備してもらうようにしました。たとえば、思いついたことを一つずつふせんに書き、話す順番《じゅんばん》でノートにはっておくと、わかりやすくて便利《べんり》です。

話すことを前もって書いておくと、うまくいくって、本当だね。

2
質問《しつもん》しながら、話を引き出す

自分の意見をまとめるのが苦手なので、「どの話が一番、印象《いんしょう》にのこった?」「とうふ屋さんについて、どう思った?」など、具《ぐ》体的《たいてき》に質問しながら、こはるさんの話を引き出す工夫《くふう》をしました。

質問してもらえると、自分の言いたいことを思いつけるし、話しやすくて、うれしい。

CHECK POINT

できるだけリラックスして、話せる場面をつくる！

発表することに、苦手意識をもっている学習障害（LD）の子は少なくありません。できるだけ緊張せずに、じょうずに話せる機会《きかい》をつくっていきましょう。

❶発表する経験や、発言する機会を、つくれているか。

❷「大きな声で」「早く」など、プレッシャーをかけていないか。

❸プレッシャーをへらしたり、緊張をほぐしたり、配慮《はいりょ》できているか。

❹ふせんやメモ、黒板《こくばん》に書くなど、話をまとめるためのツールを活用しているか。

❺質問したり、相槌をうったりして、話を引き出す工夫をしているか。

3 グループワークでも、ふせんを活用する

グループで意見交換するときにも、書記《しょき》を決め、出た意見をふせんに書いて、大きな紙にはることにしました。ポイントがよくわかり、こはるさんが言葉を考えるヒントになります。

何を話しているのか、どんな意見が出たのか、わかりやすくて助かる！

4
りょうさんの場合

文字を書くのが苦手

明るくって元気いっぱい。クラス委員《いいん》にえらばれるくらいのしっかりもので、テキパキしているりょうさんなんだけど、なぜだか、字を書くのが苦手みたい。とくに漢字《かんじ》は、まったくだめ。いつもノートはまちがいだらけ。メモも、まるで幼稚園《ようちえん》の子のお手紙《てがみ》みたい！　ふざけているんじゃないよね？

国語の時間は好きみたいなんだけど……

今日も、りょうさんは絶好調《ぜっこうちょう》。

先生の質問《しつもん》にも「はい！」と手をあげて、大きな声で元気いっぱいに答えます。だけど先生が、「じゃあ、答えを黒板《こくばん》に書いてみて」と言ったら、たちまち元気がなくなっちゃった。

ぐちゃぐちゃすぎて読めないよー

いざ、黒板にむかうと、いっしょうけんめい答えを書くりょうさんなんだけど、いったい何の字？　何を書いているのかまったく読めない……。「歯」「斥」「ら」？？？

あっ、わかった！　もしかして、「断《ことわ》る」かな。

まわりの人が思うこと

りょうさん。漢字が苦手なのかな？　バランスが悪すぎて「断」って読めなかったよ。それにビミョウにまちがっているしね。

ノートの字がぐちゃぐちゃなのはなぜ？

そういえば、りょうさんのノートはいつもぐちゃぐちゃ。本人は、いつもいっしょうけんめい黒板を書き写しているけど、人一倍《ひといちばい》時間がかかります。

親友のかずきさんが大事《だいじ》な連絡《れんらく》を書き取るのを忘れ、「連絡帳みせて」ってたのんだことがあるんだけど、とてもじゃないけど読めなくて「なに、これ？」ってびっくりしていました。あまりにぐちゃぐちゃすぎて、いったい何が書いてあるのか、自分でも読めないことがあるんだって。

漢字のテストは0点でした！

とくに画数《かくすう》の多い漢字は大の苦手。一つの漢字を書くのに、とても時間がかかってしまい、いつも悪戦苦闘《あくせんくとう》しています。

この間《あいだ》の漢字テストもがんばっていたのに、なんと0点！　「へん」と「つくり」が逆《ぎゃく》になっていたり、とめるところをはねていたり、線の数がちがっていたり、見事《みごと》に全部《ぜんぶ》まちがっていました。

そのうえ、字はななめになって、枠《わく》の中からはみ出しているし、とても5年生の書いた字とは思えないユニークさなので、先生も頭をかかえています。

「ら」と「る」は似ているけど、ふつうまちがえないよね。
りょうさんの字って、悪いけど「苦手」っていうレベルじゃないね。もはやアート！
りょうさんは、がんばって漢字の練習をしていたのに、いったい、どうしたら、こんなことになるのかしら……。

4 りょうさんの場合

なんでこうなるの？

りょうさんは、どう思っているのかな？

似ている字は見分けがつかない

「る」と「ら」、「シ」と「ツ」など似ている字は見分けがつかないから、困ってる。頭の中では、区別《くべつ》しているつもりでも、いざ書いてみるとまちがっているんだ。

文字の形をおぼえるのがむずかしい

漢字の練習は、いっしょうけんめいお手本どおり書いているつもりなんだけど、どうしても細かいところをまちがってしまう。右と左を逆にしたり、線の数をまちがったり。「車」の中は「白」？ それとも「日」？ 村の「、」はどっちにむいてる？ 考えていると、頭がどんどんこんがらがってしまう。

まちがえて書いちゃうのは、わたしもたまにあるけど、ながめてみて「あれ？ なんかおかしい」って自分で気づくよね。

一度、練習しておぼえたら、次から忘れないけどなぁ……。

りょうさんには、こんな特徴《とくちょう》があります。

知っておきたい
学習障害（LD）

目で見たものをおぼえる力が弱い

べんきょうはできるりょうさんですが、目で見たものの形をおぼえる力がちょっと弱く、読み書きに障害があらわれています。

ものの位置関係《いちかんけい》をとらえるのが苦手

位置関係をとらえたり、大きさをイメージすることも苦手です。左右《さゆう》の感覚《かんかく》がとらえづらいため、鏡《かがみ》にうつしたように文字を書いてしまったり、漢字の「へん」と「つくり」を逆におぼえていたりするのです。

細かい部分への注意《ちゅうい》がむずかしい

りょうさんは、いっしょうけんめいお手本どおりに書こうとしています。けれども文字の細かいところまで注意をむけることがむずかしく、正確《せいかく》におぼえることができません。そのため、線の数や点をうつ場所《ばしょ》をまちがってしまいます。

おぼえたはずの漢字も、すぐ忘れる

何回も練習しているのに、しばらくすると細かい形が思い出せなくて、テストになるとまちがえるんだ。自分でもがっかりだよ。急いで書いていると、よけいにぐちゃぐちゃになってしまって、読みかえしてもなんて書いてあるのかわからないときがある。だから、黒板を書き写したり、先生が話していることをその場でメモにとるのは、本当に大変《たいへん》なんだ。

それでも、あきらめずにがんばってノートをとっていたのは、えらいよね。りょうさんが苦労しているのに、気づいてあげられなくて、ごめんね。

④ りょうさんの場合

こうすれば、うまくいきそう!

1
カードやパズルで、遊びながら確認《かくにん》する

「へん」と「つくり」に分解《ぶんかい》したカードをつくり、正しいマッチングを学べるファイルを用意《ようい》しました。また、「字」と「学」など細部のちがいをみつける「まちがえさがしゲーム」をやるなど、りょうさんの負担《ふたん》にならないよう、遊びながらおぼえられる方法を考えました。

漢字の練習はきらいだったけど、漢字ゲームは楽しいよ。

2
大きな字のお手本をわたす

漢字ドリルを拡大《かくだい》コピーしたお手本をわたすことにしました。大きなサイズでみれば、線の数や、とめたりはねたりする部分が、りょうさんにもわかりやすいようです。

大きいと、まちがえやすいところがよく見える。それに、指《ゆび》でなぞっておぼえられるね。

CHECK POINT

反復《はんぷく》学習は逆効果！ 負担をへらす工夫《くふう》を考える

目で見ておぼえるのが苦手で読み書きが不得意な学習障害（LD）の子に、反復学習は負担が大きいだけで効果がありません。

本人が「苦手だ」「書きたくない」と自信《じしん》をなくしてしまわないよう、別の方法を提案《ていあん》しましょう。

❶苦手な漢字を何度も練習させ訓練することで、克服《こくふく》させようとしていなかったか。

❷大きいお手本を示す、まちがえやすい部分を確認するなど、部分に注目しやすい機会《きかい》をつくっているか。

❸パズルやゲームを使うなど、本人の負担をへらし、楽しく学べる工夫をしているか。

❹簡単なメモのとり方を教えたり、すぐに黒板を消さず時間を与えるなど、自分のペースで書けるように気を配っているか。

3 簡単《かんたん》なメモのとり方を教える

ノートやメモをとるときには、すべて書き写すのではなく、ポイントだけを抜き出せばいいことを伝えました。また、「もちもの」は「㊪」など、記号を決めておきます。たとえば「明日の移動教室に音楽の教科書《きょうかしょ》をもってきてください」と言われたとき、「明日、㊪音楽」とメモすればOKなので便利《べんり》です。

ぜんぶ写さなきゃ……とあせって、よけいにぐちゃぐちゃになってたから、簡単なメモのとり方を教えてもらって、ずいぶん楽《らく》になったよ。

5
りょうさんの場合

ちゃんと聞いてたはずなのに

りょうさんは、極端《きょくたん》にものおぼえが悪い。先生の話は集中《しゅうちゅう》して、いっしょうけんめい聞いているみたいなのに、いつも言われたとおりにやらないんだ。なんで、そうなっちゃうの? 本人も困ってるみたいだけど、先生もみんなも困ってるよー。

りょうさん、順番《じゅんばん》がちがうよー

算数の時間。先生から「教科書《きょうかしょ》15ページの式をノートに書き写して。それが終わったら、ドリルの8番をやってね。終わった人は先生に出して、休み時間です」って言われました。

みんないっせいにノートにむかって書き写しはじめたんだけど、なぜかりょうさんはドリルから先にやっています。

終わったっていうけど、ノートは書いたのかな?

「終わった!」。りょうさんはダントツ一番。先生にドリルを出し、片付《かたづ》けをはじめました。だけど、教科書をノートに書き写すのをやってないんじゃないかな?

まわりの人が思うこと

なんでドリルから先にやってるんだろう。おかしいって思った!

きっと、ノートに書くの、やってない……。ずるいよねー。

なんで、言われたとおりにやらないのかな？

となりの席のみくさんが心配して、「りょうさん。ノートのほうは書いた?」って聞いたら、「えっ? ノートってなに?」と、おおあわて……。やっぱり、ドリルしかやっていなかったみたい。

「15ページの式をノートに書き写すんだよ。先生が言っていたでしょ?」ってみくさんが教えても、まるではじめて聞いたみたいに、ぽかーんとしています。ずるしたんじゃなかったのかな?

ちゃんと聞いてたのに、どうして、まちがえたの？

今回だけではありません。りょうさんは、先生の話をちゃんと聞いているはずなのに、ちがう行動をとってしまうようなのです。

何度注意《なんどちゅうい》しても、片付ける場所《ばしょ》をまちがえたり、きめられた順番とちがうやり方でそうじをしてしまったり、言われたとおりにやらず、わざわざ、みんなとちがうやり方をすることもあります。

いつも先生に、「何度も言っているでしょ!」「また?!」って、おこられて、そのたびに「ごめんなさい!」ってあやまっています。だけど、同じまちがいばかりくりかえしていて、いっこうに改善《かいぜん》されません。

りょうさん。先生の話は、ちゃんとまじめに聞いているように見えたけどなぁ……。

何度も注意してるのに、わからないんだもの。困ったわ……。

5 りょうさんの場合

なんでこうなるの？

りょうさんは、どう思っているのかな？

言われたとおりにやりたいと思っている

ぼくは、わざと、みんなとちがうやり方をしているわけじゃないんだ。言われたとおりにやりたいと思っているんだけど、なぜか、言われたとおりにできない。「ちがうよ」って言われても、どこがちがうのか、すぐにはわからない……。

先生の話を、全部《ぜんぶ》おぼえていない

先生の話はいっしょうけんめい聞いているつもりなんだけど、一度にたくさんのことを聞くと、おぼえておくのがむずかしいときがある。今日も、「ドリルの8番をやる」っていうことだけ頭に入っていたけど、ノートのことはすっかり忘れてた……。

みんなは、おぼえているんだね。すごいなぁ。

りょうさん、ようりょうよくパパッとやっているのかと思っていたけど、そうでもないみたいね。

さっき聞いたことも忘れちゃうなんて、大変《たいへん》だね。

りょうさんには、こんな特徴《とくちょう》があります。

知っておきたい
学習障害（LD）

聞いたことをおぼえていられない

りょうさんは、先生の話をちゃんと聞いているのに、聞いた内容や大事なポイントをおぼえておくことができません。これは、聞いたことをおぼえておく脳《のう》の働《はたら》きに、ばらつきがあるからです。

一部だけ、おぼえている

そのため、一度にたくさんのことを聞いてしまうと、印象《いんしょう》にのこった一つのことだけおぼえていたり、最後《さいご》に聞いたことや、最初《さいしょ》に聞いたことだけを、おぼえていたりします。

大切《たいせつ》なことも、忘れてしまう

書き方のルール、片付ける場所、そうじの順番など、みんながあたりまえにおぼえていることも、記憶《きおく》にとどめておくことができません。そのため、何度教えても、まちがえてしまいます。

「何度も言ったのに」と言われると、へこむ

わざとまちがえているわけじゃないし、いいかげんに聞いているわけでもないんだ。「何度も言ったのに」とか「また、まちがえてる」とせめられると、「ぼくは、なんてだめなやつなんだろう……」と、落ちこむ。

いっしょうけんめいやっているつもりだから、「ずるい」とか「手を抜《ぬ》いてる」って思われるのも、かなしいよ。

いいかげんに聞いているわけじゃなかったのね。「何度も言ったのに……」って、言わないようにするね。

こうすれば、うまくいきそう！

1 最初に、数を伝える

二つ作業があります

先生が、これからやってほしい作業《さぎょう》を説明《せつめい》するときや、もってきてほしいものを伝えるときには、「今から二つ作業があります」と、最初に数を伝えることにしました。おぼえなければならないことの数がわかると、りょうさんも記憶しておきやすいようです。

最初に数を教えておいてもらえると、注意して聞き取れるから、助かるよ。

2 説明を、黒板《こくばん》に書く

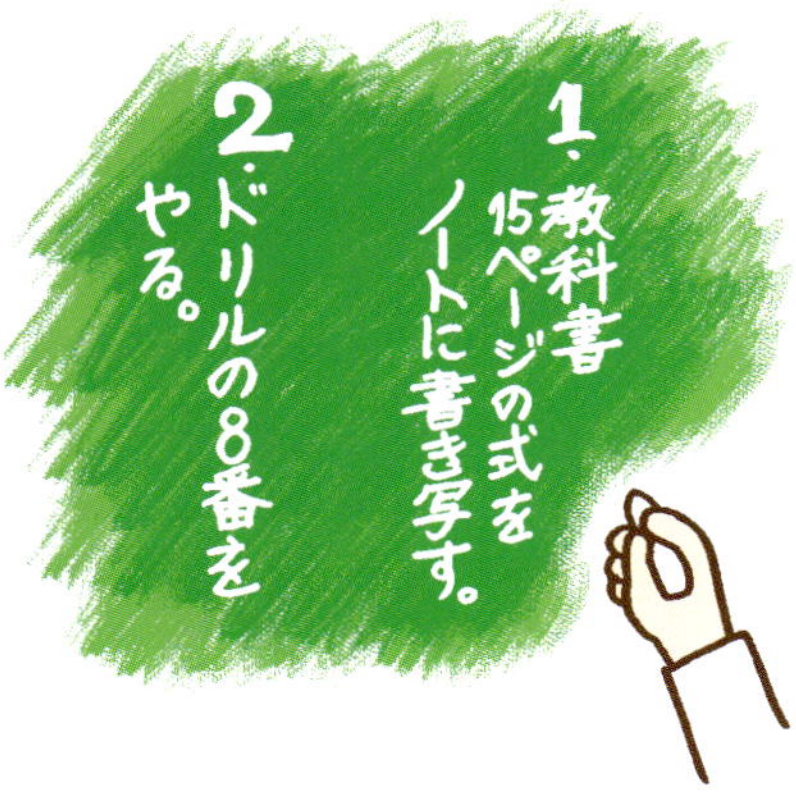
1. 教科書
15ページの式を
ノートに書き写す。
2. ドリルの8番を
やる。

説明するときは口頭《こうとう》で伝えるだけでなく、ちゃんと黒板に書いたり、プリントやメモでわたすことにしました。書いておけば、「二つのうち、あと一つはなんだっけ？」と思い出せなくなったときに、確認《かくにん》することができます。

聞いただけだと忘れちゃうので、メモや黒板を見るね。

CHECK POINT

「何度も言ったのに」はNG!
伝わっているかを、かならず確認

必要な情報をインプットしたり、おぼえておく脳の働きにばらつきがあると、口頭での指示《しじ》だけでは、しっかり伝わらない場合があります。確認できるようなサポートをしましょう。

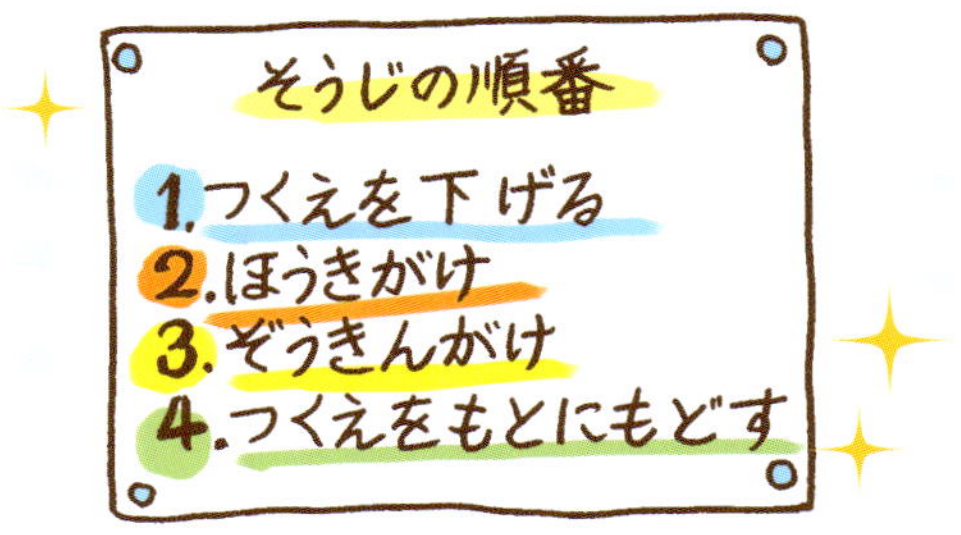

❶黒板に書いたり、メモをわたしたり工夫《くふう》しているか。

❷一度に、たくさんのことを伝えすぎていないか。

❸そうじの順番や片付け場所などのルールは、わかりやすく掲示《けいじ》してあるか。

❹「前にも教えたでしょ」「何度言ってもわからない」などと、せめていないか。

❺伝えたいことがちゃんと伝わったか、確認しているか。

3
わかっているかどうか、確認する

大切なことは、しっかり全部伝わっているかどうか、確認することにしました。作業をはじめたときに「やることが二つあるのよ。黒板を見てね」と伝えれば、りょうさんも安《あん》心《しん》です。

大事なことを忘れていないかどうか、黒板で確認すれば、「うっかり」がなくなって安心だね！

6 りょうさんの場合

いつも忘れものばかり

あわてんぼうのりょうさんは、忘れものも多いんだよね。先週《せんしゅう》も絵の具を忘れて注意《ちゅうい》されていたのに、今週《こんしゅう》も忘れてる……。これじゃあ、なかなか色が塗《ぬ》れなくて、一人だけ遅れちゃうよね。さすがに本人もへこんでいるみたいだけど、だいじょうぶかな?

お昼休《ひるやす》みは終わりだよ。みんなしずかにー

お昼休みが終わって、5時間目は図工《ずこう》の時間。チャイムが鳴っても、まだ、わいわいがやがや。先生が教室に入ってきたので、みんなはいっせいに注目《ちゅうもく》します。

今日は、図工室で絵をかくんだって!

「今日は、絵をかくので、教科書《きょうかしょ》は使いません。図工室に絵の具だけもってきて。ほかのもので色を塗りたい人は、色えんぴつや筆箱《ふでばこ》をもってきてもいいわよ」って先生が言いました。みんな、準備《じゅんび》をして、図工室にむかいます。だけど、りょうさんはなんだかあたふた。

まわりの人が思うこと

りょうさん。早くしないと、みんな行っちゃうよ。

あわてているけど、もしかしたら、絵の具を忘れてきたのかな?

なんで絵の具を忘れて、教科書だけもってきたの？

どうやら、りょうさんは絵の具を学校にもってくるのを忘れてきてしまったようです。しかも、色えんぴつも筆箱ももってきていなかったのか、なぜか教科書だけもって、図工室にやってきました。

「教科書は使いません」って、わざわざ先生が言っていたのに……。絵の具を忘れたのはしかたないけど、なんで教科書もってきたの？

忘れものが多いから、授業《じゅぎょう》に参加《さんか》できなくて困らないかな

そういえば、りょうさんはいつも忘れものばかり。

この間《あいだ》は、先生に「明日は、晴《は》れたらグラウンドでマラソンをやるので、タオルをもってきてください。雨《あめ》の場合《ばあい》は体育館《たいいくかん》でなわとびをするので、なわとびとタオルをもってきてね」って言われました。

そして、次の日はどしゃぶりの雨。ほかの人はちゃんとなわとびをもってきていたのに、りょうさんだけタオルしかもってきていなかったのです。予備《よび》のなわとびがなかったので、その日は見学になってしまいました。

肝心《かんじん》なものを忘れてばかりだと、授業に参加できないから、困っちゃうよね。本人も「なんで、おれは忘れたんだーっ！」て落ちこんでいたみたい。

教科書じゃ、絵はかけないよね！

タオルとなわとびって、メモするほどのことでもないんだけど、りょうさんにはおぼえられないのかしら……。

❻ りょうさんの場合

なんでこうなるの？

りょうさんは、どう思っているのかな？

さわがしいと、聞きのがしてしまうことがある

ぼくの頭の中は、いつもざわざわしていて、何かに集中《しゅうちゅう》するのが苦手。だから、人が多くてうるさいところだと、先生の話が聞こえていないことがある。

みんなと同じように聞いているつもりでも、なぜか、聞きのがしてしまうんだ。

言葉《ことば》を聞き分けるのがむずかしい

たとえ聞こえていても、話が長かったり、たくさんポイントがあると、意味《いみ》をまちがって、おぼえてしまうらしい。「～使いません」だったのか、「～使います」だったのか、言葉を聞き分けることができなくて、わからなくなっちゃうんだ。

わたしはうるさいところでも、先生の話は聞き取れるけど、りょうさんには聞こえてなかったんだね。

忘れものばっかりしてるけど、いいかげんにやっていたわけじゃないんだ……。

りょうさんには、こんな特徴《とくちょう》があります。

知っておきたい
学習障害（LD）

人の話を聞くのが苦手

人の話す言葉を聞き取り、整理《せいり》し、一時的におぼえておく力にばらつきがあります。また、注意欠如《ちゅういけつじょ》・多動症《たどうしょう》（ADHD）という障害もあるので、集中力《しゅうちゅうりょく》も弱く、忘れものが多くなってしまいます。けっして、わざと忘れているわけではないのです。

勝手《かって》に解釈《かいしゃく》し、まちがえる

「行った」「知った」など発音が似ている言葉や、「〜使いません」「〜使います」など少しのちがいを聞き分けることが苦手です。なので、勝手に解釈し、まちがってしまうことがあります。

一部だけ、おぼえている

P37の〔知っておきたい学習障害（LD）〕でも解説《かいせつ》したように、一度にたくさんのことを聞いてしまうと、一つのことだけおぼえていたり、最後《さいご》に聞いたことや、最初《さいしょ》に聞いたことだけを、おぼえていたりします。

先生の話をおぼえていない

先生の話はちゃんと聞いていたつもりなんだけど、おぼえておくのがむずかしいみたい。とくに「晴れの場合」「雨の場合」みたいに二つの話があると、どちらかが抜《ぬ》けちゃうことが多いんだ。タオルをもっていくことはおぼえていたんだけど、雨のときはなわとびももっていかなきゃいけないということは、すっかり抜けていた……。

タオルとなわとびの二つもおぼえられないなんて、大変《たいへん》だなぁ。

こうすれば、うまくいきそう！

1 しずかになってから、話すようにする

先生がクラス全体に話すときには、「みんな注目！」と呼《よ》びかけたり、パンパンと手をたたいたりして、できるだけしずかになってから話すようにしました。また、りょうさんが聞きのがさないよう、となりの席のみくさんにたのんで、声をかけてもらいます。

「みんな注目！」って言ってもらえると、大切《たいせつ》なことを話しているのがわかる。

2 聞き取りやすいように、話すことにする

りょうさんが誤解《ごかい》しないよう、「教科書はなし！」「もちものは絵の具」など、短い文《ぶん》章《しょう》ではっきり話すようにしました。

りょうさんにわかりにくい指示《しじ》をするときは「雨　なわとび・タオル」「晴　タオル」など、黒板《こくばん》に書いたりメモをわたしたりすると、りょうさんも安心《あんしん》です。

書いてもらったり、メモをもらったりすると、忘れものが少なくなったよ！

CHECK POINT

わざとではないので、けっしてせめない！

学習障害（LD）と注意欠如・多動症（ADHD）は、とても密接《みっせつ》なつながりをもっていて、両方《りょうほう》あわせもつ子も多いことが知られています。ミスが多い、指示にしたがわない、忘れものが多いなど、不注意《ふちゅうい》が目立つ場合でも、決して、わざとではないのです。

❶大事な話をするときには、しずかな環境《かんきょう》で、注目させてから話しているか。

❷ポイントをわかりやすく、はっきりと伝えているか。

❸複数《ふくすう》の情報《じょうほう》があるときには、黒板に書くなど伝える工夫《くふう》をしているか。

❹忘れても授業に参加できるよう、予備のものを用意しているか。

❺「また忘れた」「どうして忘れるの？」など、せめていないか。

3
授業に参加できるよう、協力《きょうりょく》する

絵の具や色えんぴつなど、よく使う道具《どうぐ》は、机やロッカーにおいておくように伝えます。また、りょうさんが忘れて授業を受けられなくならないよう、予備を先生が用意《ようい》しておくことにしました。

大事《だいじ》なものを忘れて、あせることが少なくなったから、おちついて授業を受けられるようになってきたよ。

7 だいきさんの場合

九九がおぼえられない

3年生のだいきさんは「博士《はかせ》」ってよばれているくらいものしりで、べんきょうもできる。だけど、なぜだか、極端《きょくたん》に苦手なことがあるみたい。この間《あいだ》、みんなで九九を暗唱《あんしょう》したとき、一人だけつっかえてた！ もう3年生なのに、だいじょうぶかなぁ？

だいきさんって、天才なんだよ

本を読むのが大好きなだいきさん。いつもぶあつい百科事典《ひゃっかじてん》とか歴史《れきし》の本とか読んでいて、すごくいろんなことを知っています。大好きな社会や理科のテストは、いつも100点！ 歴史の年号なんかもたくさんおぼえているから、けっして記憶力《きおくりょく》も悪くないはず……。

べんきょうはできるのに……

だけど、なぜか極端に苦手なものがあるようです。先生の質問《しつもん》にとんちんかんな答えを返したり、ふざけているのか、ぶっとんでいるのか……。みんながとまどうようなことが、ときどきあるのです。

まわりの人が思うこと

歴史の年号とか、武将《ぶしょう》の名前とか、ぼくたちが知らないことをいっぱい知ってる。すごいよね。

いつもテストで100点とっているのに、できないことがあるって、ふしぎじゃない？

どうして九九がおぼえられないのかなぁ？

この間の、算数の時間。復習《ふくしゅう》をかねて、みんなで九九を暗唱することになりました。九九は2年生の授業《じゅぎょう》でくりかえしやっているので、みんなバッチリ。なのに、だいきさん、一人だけ、つっかえていたのです！

しかも、なんと、1の段《だん》からまちがえていました。「いんいちがいち」「いんにがに」「いんさんがさん」が言えず「いちいちがいち」「いちにがに」「いちさんがさん」と言っているのです。9の段も「きゅういちがきゅう」「きゅうにがじゅうはち」「きゅうさんがにじゅうしち」と言っています……。

なんで教えても、すぐ忘れちゃうの？

となりの席のみゆさんが、「1の段はいちいちじゃなくて、いんいちだよ」って、笑って教えてあげたのですが、だいきさん、わからなかったようです。もう一度やり直しても、やっぱり「いちいちが……」って言っています。

8の段になって先生が、「おーい。だいき。そこははっぱだよ」って注意《ちゅうい》したのですが、だいきさんはぽかーんとしています。

どうやら、本当に、ちゃんと九九をおぼえていないようなので、みんなびっくりしてしまいました。

だいきさん。ふざけてるんじゃないよね？何度《なんど》、練習してもおぼえないのはなぜ？

「1」は「いち」って読むと思いこんでいて、注意しても、変えられないみたいだなぁ。

7
だいきさんの場合

なんでこうなるの?

だいきさんは、どう思っているのかな?

音で聞いて、おぼえるのが苦手

本や図鑑《ずかん》を読むのは大好きで、目で見たものをおぼえるのは得《とく》意《い》なんだ。だけど、音から聞いたものをおぼえるのはとてもむずかしい。

先生のあとについて、同じように言うことはできないよ。

かけ算の式が目の前にないと、わからなくなる

かけ算の式を頭の中に思い浮かべながら、いっしょうけんめい唱《とな》えているつもりなんだけど、「1×1」を「いんいち」って読むとか、「8×8」を「はっぱ」って読むとか、すぐには思い出せない。

実際《じっさい》に、ふりがなをふった式が目の前にないと、おぼえられないし、わからなくなるんだ。

目で見たものは長い間、たくさん記憶《きおく》できても、聞いたことだとすぐに忘れちゃうんだ。ふしぎだね。

ぼくらは自然《しぜん》に暗唱できるけど、だいきさんは頭の中に思い浮かべながら唱えていたんだね。

だいきさんには、こんな特徴《とくちょう》があります。

知っておきたい
学習障害（LD）

目で見ておぼえるのは得意

だいきさんは目で見たことを記憶することが得意なので、図鑑で見たものや本で読んだことをたくさんおぼえています。図鑑にのっていた昆虫《こんちゅう》の特徴《とくちょう》と名前を全部《ぜんぶ》おぼえていたり、戦国武将の名前と系譜《けいふ》を知っていたり、知識《ちしき》がとても豊富《ほうふ》です。

耳からおぼえることがむずかしい

一方で、耳から情報《じょうほう》を聞き取り、おぼえるのは苦手です。短期記憶（少しの間おぼえておいて、用事がすんだら忘れていい記憶）の力が弱いため、先生のあとについて、復唱《ふくしょう》したり、注意されたことをおぼえておくことができません。

大切《たいせつ》なことを聞きもらすこともある

たくさんの情報の中から必要な情報をピックアップすることも不得意なので、ざわざわした教室の中で先生の声を聞き分けることができません。注意されたり、質問されたりしても、聞き取れていないことがあります。

話を聞き取れないことがある

教室がざわざわしていたりすると、先生の質問や注意が聞き取れないことがある。みんなが九九を唱えている途中《とちゅう》で、先生が何かぼくに言ったらしいんだけど、何を言われたのかちっともわからなかった。

なんで、ぽかーんとしているんだろうと思ったけど。だいきさん、先生の言葉《ことば》が聞き取れていなかったんだね。

7 だいきさんの場合

こうすれば、うまくいきそう！

1 だいきさんの読み方でＯＫにする

何度《なんど》やってもうまくいかないことで、だいきさんは大きなストレスを感じているようです。数式《すうしき》さえ合っていれば、無理に「いんいちがいち」という読み方をおぼえなくてもいいことを伝えました。

「まちがえちゃうんじゃないか」と、びくびくしていたから、「読み方がまちがっていてもだいじょうぶだよ」と言ってもらえて、安心《あんしん》した。

2 目で見ておぼえる方法を工夫《くふう》する

だいきさんは数式をおぼえても、手がかりがないままスムーズに暗唱することがむずかしいことがわかりました。なので、だいきさんのために、ふりがなをふった九九表を用意しました。事前《じぜん》に九九表を見てもらうことで、だいきさんはゆっくりなら九九を暗唱できるようになりました。

表を見たら、九九をおぼえておくことができるようになったよ。

CHECK POINT

苦手なことは、本人がやりやすい方法を考える！

みんなが簡単《かんたん》にできることで、人知れずつまずいている学習障害（LD）の子は少なくありません。苦手なことを無理に訓練させるのではなく、なぜできないのかを考え、本人がやりやすい方法を取り入れましょう。

❶小学校低学年でおぼえるような基礎《きそ》の部分で、つまずきがないか、まわりが把握《はあく》できているか。

❷なぜつまずいているのか、その原因《げんいん》がわかっているか。

❸耳から聞き取るのが苦手な子には、絵でかいて示すなど、本人にわかりやすい情報提供《じょうほうていきょう》が、できているか。

❹質問や注意などの大切なことは、黒板に書く、プリントでわたすなど、おぼえやすい工夫をしているか。

❺どうしてもできない場合《ばあい》はパーフェクトを求めず、本人なりのやり方でOKとしているか。

3
大切なことは、かならず黒板《こくばん》に書く

だいきさんが大切なことを聞きもらさないように、伝えたいことがあるときには、かならず黒板に書くようにしました。「8×8」＝「はっぱ」、「9×2」は「くに」など、九九でまちがえやすいところも、ちゃんと黒板に書きました。

先生の声が聞き取れないことも多いし、聞いていてもどこを注意されたのか、すぐ忘れちゃうから、書いてもらえて助かった！

8
だいきさんの場合

文章《ぶんしょう》問題がわからない

算数の宿題《しゅくだい》の答え合わせを、となりどうしですることになったんだ。だいきさん、計算問題はだいたい合っているのに、文章問題がまったくできていない。答え合わせをやっても、どこがまちがえなのかピンとこないらしくて、「まちがっているよ」って教えたら、逆ギレされた。これじゃあ答え合わせができないよ！

だいきさん。文章問題が苦手なのかな？

計算はふつうにできるだいきさんですが、文章で聞かれたら、簡単《かんたん》な問題でもまちがえてしまいます。「まどかさんは公園に行きアルミ缶を32個、スチール缶を8個拾いました。拾ったアルミ缶の数はスチール缶の何倍ですか？」という問いに、「32×8」と、かけ算してしまいました……。

かけ算じゃないよ。わり算だよ

となりの席のみゆさんが、「これは何倍ですかって聞かれているんだから、わり算。だから、32÷8だよ」って教えたのですが、「何倍ですか……なのに、かけ算じゃないって、どういうことだ？」と、混乱《こんらん》しています。

まわりの人が思うこと

計算はできているのに、文章問題になると、簡単なたし算もまちがえていたよ。どうして？

そんなにむずかしい問題じゃないのに……。

ずっと考えてたのに、まちがえてる！

どうやら、だいきさんは文章問題を式にするのが苦手なよう。正解《せいかい》している問題も、いまひとつピンと来ていない様子《ようす》なのです。

答え合わせの途中《とちゅう》で、「20センチのリボンがあります。これを5センチずつに切った場合《ばあい》、リボンは何本になりますか？」という問いを、何度も読みなおして、ずっと考えています。

あげく、一度は「20÷5」と正しい式を書いていたのですが、何かおかしいと思ったのか、わざわざ消してしまいました。そして、考えた末に「20－5」と引き算の式に書きなおしてしまったのです。

教えたのに、逆ギレされた！　どうしたらいいの？

みゆさんが笑いながら、「ちがうよ。だいきさん。これは、わり算だよ」って教えたら、「どうして？」とふしぎそう。「だって、5センチずつに分けるんだもん」とみゆさんがあたりまえのように答えると、なぜか「うるさい！」といきなり逆ギレ。

だいきさんのあまりの剣幕《けんまく》に、みゆさんが泣いてしまいました。どうして、だいきさんがおこっているのか、みゆさんにはさっぱりわかりません。

文章問題の独特《どくとく》の言いまわしが、だいきさんには読み取れないみたいだね。

教えたのに、怒鳴《どな》ることないと思う。だいきさん、ひどくない？

8
だいきさんの場合

なんでこうなるの？

だいきさんは、どう思っているのかな？

何を聞かれているのか、すぐには読み取れない

問題文には、人の名前、場所《ばしょ》、数とか、いろいろ書いてあるでしょ。何を聞かれているのか、すぐにはわからないよ。「まどかさんってだれ？」とか「公園ってどこ？」とか、いろんなことが気になってしまう。それに、「切った場合」って、どういうこと？　切ったのか切ってないのかわからないよ。

かけ算なのかわり算なのか、式をつくることができない

「拾ったアルミ缶の数はスチール缶の何倍ですか？」と聞かれたら、何倍だからかけ算なのかと思ってしまった。

「ちがうよ」って、みゆさんに笑われて、バカにされたみたいでショック！　ちょっとプライドが傷《きず》ついた。

そっか、どうでもいいところが気になっていたんだ！　それは時間がかかるよね。

べんきょうができるだいきさんなのに、簡単なことをまちがっていたから、おかしかったの。笑ってごめんなさい。

だいきさんには、こんな特徴《とくちょう》があります。

知っておきたい
学習障害（LD）

文章から内容がイメージできない

だいきさんは文章からイメージする力が弱いため、文章を追うだけでは、問題の内容を読み取り、算数におきかえることができません。とくに、「～した場合」「～すると」など仮定《かてい》の形で出される問題が苦手です。

関係ないところにこだわってしまう

また、「どこの公園？」など、式とは関係がない細かいところにこだわってしまい、解《かい》答《とう》するのに必要な情報《じょうほう》を整理《せいり》することができないようです。もしかしたら、LDだけでなく、自閉スペクトラム症（ASD）の傾向《けいこう》があるのかもしれません。

本当はわかっていないことがある

暗記《あんき》することで計算はできていますが、おぼえたやり方でこなしているだけです。実は数字が苦手で、数の概念《がいねん》や算数の基礎《きそ》が理解《りかい》できていません。なので、文章問題になると知識《ちしき》を応用《おうよう》することができないのです。

まちがいを指摘《してき》されるのが、苦手

べんきょうは得意《とくい》でプライドがあるため、人から「まちがっている」と指摘されるのに抵抗感《ていこうかん》があるようです。「わからないこと」＝「恥《は》ずかしいこと」と思いこんでしまっているのかもしれません。

合っているのか、自分でよくわからない

計算はできるから、なんとなく式をつくって、たまたま合っていることはある。だけど、それがどういうことなのか、実《じつ》はよくわかっていないんだ。だから、答え合わせをしていても、ちんぷんかんぷん。いやんなっちゃうよ。

算数ドリルで100点をとってることも多いから、わかっていないことに気づいてなかったよ。

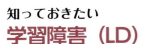

8 だいきさんの場合

こうすれば、うまくいきそう！

1 問題文を図や絵で示す

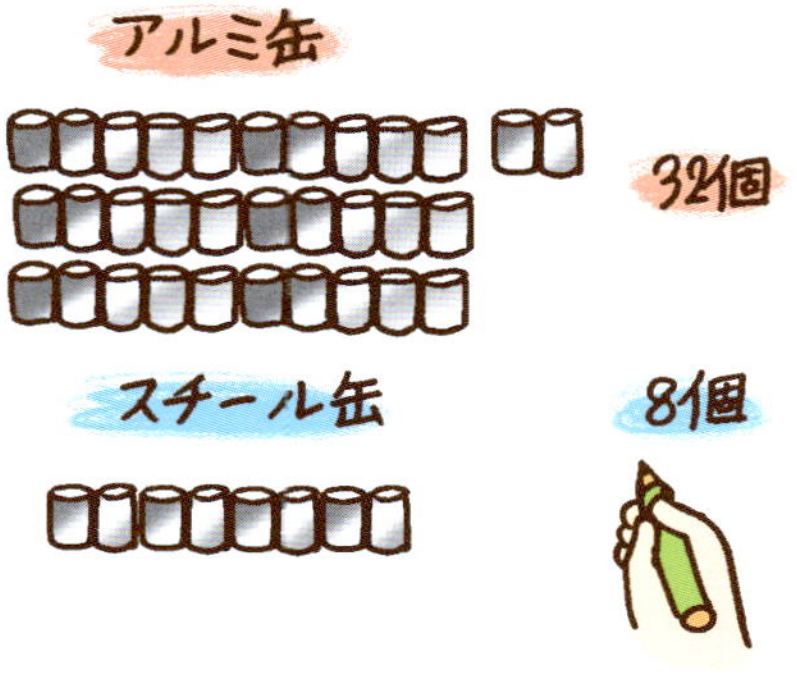

問題の中で聞かれているポイントを、図や絵で表してみました。そうやってみると、数に関係すること以外の情報は、気にしなくてもいいことがわかったようです。

そこで問題文を読むときには、最初《さいしょ》に数字の部分と必要な言葉《ことば》にマーカーを引くことにしました。

考えるのが苦手だったから、絵にしてもらえると助かる！

2 キーワードとパターン表をつくる

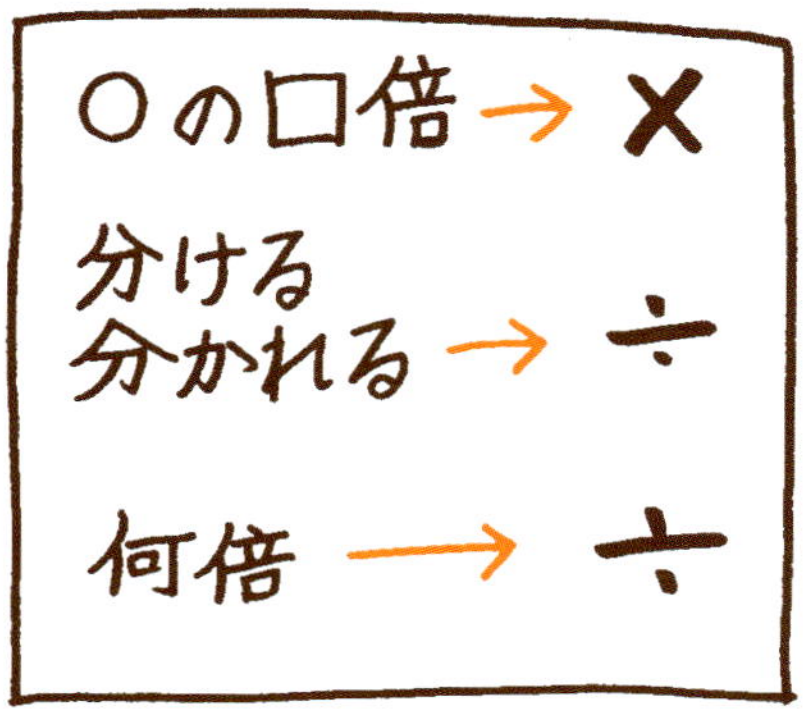

「あわせて」「みんなでいくつ」は「＋」、「のこりは」は「－」、「○の□倍」は「×」、「分ける」「分かれる」「何倍」は「÷」など、問題によく使われるキーワードと式の記号のパターン表を、だいきさんといっしょに調べながら、つくりました。

なるほど！　「何倍」は「÷」だったんだね。パターン表は便利《べんり》だな。

CHECK POINT

文章問題でつまずいている子を見《み》過《す》ごさないように！

文章問題でつまずく学習障害（LD）の子は少なくありません。

文章問題を解くためには、数字の理解だけでなく、イメージする力、文脈《ぶんみゃく》を読み取る力、式におきかえる力など、さまざまなスキルが必要だからです。

❶数の概念や、記号の使い方などがわかっているか。

❷文章から、内容をイメージし、必要な情報を読み取っているか。

❸図や絵を示すなど、わかりやすい情報提供《じょうほうていきょう》ができているか。

❹文章問題で「〜とした場合」など誤解《ごかい》しやすい、むずかしい表現を使っていないか。

❺本人が「解けた！」「わかった！」と思える授業《じゅぎょう》をしているか。

3
自分で問題をつくる練習をする

だいきさんが数と計算式の関係を、実感《じっかん》しながら理解できるよう、自分で問題をつくってみる練習をしました。自分の好きなものや身近なもので考えることによって、だいきさんも算数的な考え方ができるようになってきました。

カブトムシが8匹います。クワガタが4匹います。カブトムシはクワガタの何倍いますか？　問題を考えたよ！

9
だいきさんの場合

算数の時間だけ、やる気がない

べんきょうが超得意《ちょうとくい》で、テストの成績《せいせき》もトップクラスのだいきさんなのに、最近《さいきん》、算数の時間は、いつも、ふてくされているの。宿題《しゅくだい》もやってこないし、授業中《じゅぎょうちゅう》も態度《たいど》が悪い！　バカにしているのかな。さぼりたいのかな。どうしたんだろう？

1000円のプレゼントを5人で買うと、一人いくらずつ？

だいきさんのクラスでは、算数の時間に文章《ぶんしょう》問題を出し合って、みんなで答える時間があります。

今日は、ゆうきさんが問題を出す日。「みんなで先生にプレゼントを買うことになりました。1000円のプレゼントを5人で買うと、一人いくらずつになりますか？」。みんなはいっせいに、問題を解きはじめます。

なんで、だいきさんは参加《さんか》しないの？

けれども、だいきさんはこの時間がきらいみたい。ゆうきさんが出した問題を解こうともしないいし、いすにそっくりかえって、ふてくされています。

まわりの**人**が**思**うこと

みんな問題を解いているのに、なんでだいきさんは、やろうとしないんだろう。

算数の時間になると、いつも態度が悪いよね。

簡単《かんたん》な問題だもの。みんなわかったよね？

答え合わせの時間になりました。「わかった人！」、ゆうきさんが聞くと、みんないっせいに手をあげます。「じゃあ、みゆさん」。

「1000円のプレゼントを5人で買うのだから、1000÷5で、200円ずつになります！」、みゆさんが元気よく答えると、みんないっせいに拍手。「よくできました。正解《せいかい》です」。

だいきさん、なんにもしないくせに、いばっている！

「みんなできましたか？」、ゆうきさんが聞くと、ほとんどの人が正解だったので「はーい」と元気よく手をあげたんだけど、だいきさんだけ、知らん顔。先生が「じゃあ今の問題をノートに書いてね」って言ったのに、いすにふんぞりかえって、ノートを出そうともしないのです。

心配したみゆさんが、「だいきさん。今の問題と式と答えをノートに写すんだよ。ノートを出そうよ」って声をかけたら、ふんぞりかえったまま、「こんな、つまんない問題、時間のむだ！」だって。

ゆうきさんもカチンときているし、やりとりを聞いていたみんなもいやな気持ちになってしまいました。

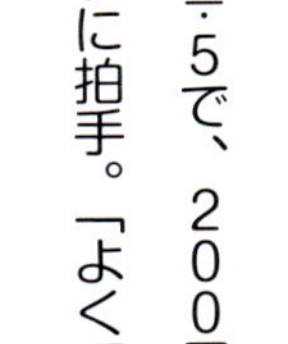

算数の宿題もしてこないことがあるなぁ。ほかのべんきょうは得意《とくい》なのに、どうしてだろう。

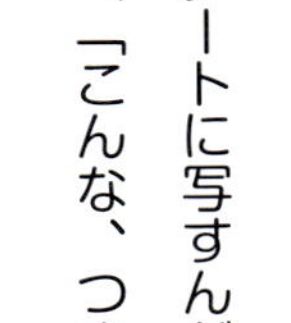

ぼくの問題が簡単すぎたのかな？　それにしても、傷《きず》つく……。

9 だいきさんの場合

なんでこうなるの？

だいきさんは、どう思っているのかな？

数字や記号の意味がわからない

そこにあるものを数えたり、分けたりするのはできる。たとえば、クッキーが何枚《なんまい》あるのか数えて、人数分《にんずうぶん》に分けることができるよ。

だけど、数字がどうも苦手なんだ。「＋」「－」「×」「÷」を使って式を考えるのもむずかしい。

文章問題《ぶんしょうもんだい》は、とくに苦手

１０００円のプレゼントとか、５人とか言われても、それを算数として考えることができない。それを式にして、わるとかかけるとか、もうわけわかんないよ。この時間、みんなはクイズを解くみたいに、わきあいあいと楽しそうだけど、ぼくにはまったくおもしろくないよ。

べんきょうが得意なのに、算数は苦手だったんだ……。

頭がすごくいいだいきさんでも、できないことがあるんだね。

だいきさんには、こんな特徴《とくちょう》があります。

知っておきたい
学習障害（LD）

数字におきかえることができない

「３つ」のりんご、「３本」のえんぴつを、同じただの「３」という数字におきかえて考えることができません。目の前のものを数えることはできても、数字として理解《りかい》することがむずかしいのです。

記号から数式をつくるのもむずかしい

さらに記号も苦手で、12枚のクッキーを数えて３人で分けることはできますが、それを「12÷３」という式におきかえて考えることができません。

なので、教科書《きょうかしょ》の問題を何度《なんど》も解いておぼえていたとしても、応用《おうよう》問題になると解けなくなってしまいます。

さぼっているわけではない

べんきょうが得意なだいきさんは、みんながあたりまえにできていることで、つまずいていることをまわりに知られたくないようです。だから、ふてくされたり、ノートを書かなかったり、やる気がないふりをしているだけで、さぼっているわけではありません。

できないことを知られたくない

べんきょうは好きだし、家でやっていると算数の問題も解ける。なのに、問題の出され方がちょっとちがうと、わかんなくなる。みんなに「できない」って知られたくなかったんだ。「簡単なのに」って言われると、グサッとくる。

やる気がなくて、バカにしているんじゃないかと思っていたけど、ちがったんだね。

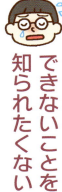

9 だいきさんの場合

こうすれば、うまくいきそう！

1 実物《じつぶつ》を見せながら、くりかえし説明《せつめい》する

１０００円札を見せ、それが「１０００」という数字とむすびつくことを説明しました。それから、１００円玉を10個用意。５人でわけると「１０００÷５」になり、２００円ずつになるということを、実際《じっさい》に１００円玉を使いながら教えました。実物を見ながら計算してみると、だいきさんもわかりやすいようです。

1000円は100円玉10個だから、5人だと100円玉2個ずつになるんだね！ようやくわかったよ。

2 計算の負担《ふたん》をへらす

算数がきらいになってしまわないように、プリントの問題や宿題を少なくするなどして、負担をへらしました。

プリントや宿題をみるだけで、うぇーってなっていたから、助かった！

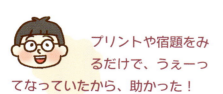

CHECK POINT

苦手なことにも、取り組みやすいクラスに！

わからないことや苦手なことがあると、それを隠《かく》したり、まったくやらなくなったりすることがあります。苦手なことを強制的《きょうせいてき》にやらせる必要はありませんが、授業には参加できるよう工夫《くふう》しましょう。

❶数の概念《がいねん》や、記号の使い方などがわかっているか。

❷文章問題では、数や記号を計算式におきかえることができているか。

❸クラスにわからないことを先生に質問できる、雰囲気《ふんいき》があるか。

❹宿題やプリントが負担になり、算数ぎらいになっていないか。

❺本人にわかりやすいような、説明ができているか。

3
わからないことは、質問《しつもん》していいと伝える

だいきさんだけでなく、みんなに、わからないことがあるのは恥《は》ずかしいことではないことを教え、わからないときにはいつでも先生に質問するように伝えました。みんなで質問しながら進めることで、より深く学ぶことができます。

そうか！　わからないことは、だれだってあるんだから、質問したほうがいいんだね。人の質問が参考《さんこう》になることも、あるものね。

10 さくらさんの場合

作文が書けない

3年生のさくらさんは、明るくて、クラスでも人気者《にんきもの》。とてもおしゃべりで、「ダンスをしたよ」とか「映画《えいが》をみたよ」とか、たくさん報告《ほうこく》してくれるのに、作文に書くのは苦手みたい。話したいことがたくさんあるのに、どうして書けないのかふしぎだよね……。

アイドルをめざして、ダンスをやっているんだって

さくらさんは休み時間になると、歌ったりおどったり、元気いっぱい。この間《あいだ》も、「発表会《はっぴょうかい》で、すごく大きなステージでおどったんだ」って、みんなに報告をしてくれました。

おしゃべりだけど、作文は、いつもワンパターン

ところが、書くのは苦手なのかな？　毎日の帰りの会で、その日のできごとをミニ作文に書くことになっているのですが、さくらさんの作文は、「ダンスをおどりました。楽しかったです」「遠足に行きました。楽しかったです」など、いつもワンパターーン。

まわりの人が思うこと

さくらちゃんって歌もおどりも得意《とくい》で、うらやましいな。

さくらさん、作文になると、いつも悩んでいるよね……。

さくらさん。ちがう感想《かんそう》も書いてみようよ！

あまりにいつも同じパターンなので、「どんな場所《ばしょ》でおどったとか、だれとおどったとか、もっとくわしく書いてみようよ」「たまには、楽しかったですと、ちがう感想もあるでしょう」などと、毎回のように、先生に注意《ちゅうい》されています。ちがう文章を書くのが、そんなにむずかしいことなのかな。

あんなにおしゃべりで、話したいことがたくさんあるさくらさんなのに、原稿用紙《げんこうようし》を前にすると、まったく書きたいことが浮かばない様子《ようす》。さんざん悩んだあげく、やっぱり「楽しかったです」としか書けないのです。

いつも時間までに、書き終わらないのはなぜ？

おまけに、何度《なんど》も書きまちがえて、消したり書いたり……。

いつも、原稿用紙がぐちゃぐちゃ。しかも、時間になってもなかなか書き終えることができません。

そんなに長い文章を書いているわけでもないし、むずかしいことも書いていないのに、どうして時間がかかるのでしょうか。

あんなに表現力が豊《ゆた》かなのに、作文になると、まったくパッとしないのはなぜ？

思いついたことを書けばいいだけなのに、そんなに大変《たいへん》？

結局《けっきょく》「楽しかったです」なのに、どうして、何度も消したり、書いたりしてるのかなぁ？

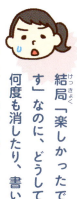

⑩ さくらさんの場合

なんでこうなるの？

さくらさんは、どう思っているのかな？

思っていることを、文章《ぶんしょう》で表せない

おしゃべりは大好きなのに、いざ、それを文章にしようと思うと、頭が真《ま》っ白《しろ》になる。原稿用紙を目の前にすると、何を書いたらいいのかわからなくなって、「ダンスをおどりました」「楽しかったです」くらいしか出てこないの。

文章の順番《じゅんばん》を組み立てられない

先生に「どこで何をおどったのかも、くわしく書いてみよう」って言われて、「円山町《まるやまちょう》のライブハウスでおどりました」「ダンス教室のみんなでおどりました」って書いたんだけど、何度も「おどりました」って書いてしまうし、どんな順番で書けばいいかわからない……。

さくらさんにとって、話すことと書くことは、ものすごく、ちがうんだね。

「くわしく書いてみよう」だけじゃ、わかりにくくて、かえって困らせてしまったのかしら。

さくらさんには、こんな特徴《とくちょう》があります。

知っておきたい
学習障害（LD）

イメージをふくらませて作文が書けない

おしゃべりは好きなのですが、書くことが苦手。たとえば、「舞台《ぶたい》に出る前はドキドキしていた」「照明《しょうめい》がきれいだった」「お客さんがたくさんいた」など、自分でそのときの状《じょう》況《きょう》や気持ちを思い出しながら、作文を書くことができません。

文章の組み立て方がわからない

また、書きたいことが見つかったとしても、それを順番にならべて、「お客さんがたくさんいたので、舞台に出る前はドキドキしていました」などのように、一つの文章に組み立てることがむずかしいようです。

書き方のルールがおぼえられない

書きはじめは1マスあける、会話はかぎかっこで閉じる、改行《かいぎょう》したらまた1マスあけるなど、作文を書くときのルールをしっかりおぼえていないので、いつもまちがえてしまいます。

時間内に書きあげることができない

ただでさえ作文が苦手なので、一つひとつまちがえを確認《かくにん》しながら進めていると、時間内に書きあげることができません。

書き方のルールを忘れてしまう

それに、かぎかっこのつけかたや「。」のつけ方も、よくわかってなくて、いっぱいまちがえてしまう。何度も消しているうちに、紙はぐちゃぐちゃになるし、時間どおりに書けなくて、本当に困ってる。

先生は「がんばって、せめて原稿用紙1枚は書こうね」って言うけど、どうやってがんばればいいの？

そうか、原稿用紙1枚書くのも、さくらさんにとってはとても大変なことだったのね！

⑩ さくらさんの場合

こうすれば、うまくいきそう！

1 資料《しりょう》やメモを用意《ようい》する

したことや行ったところについて書くために、写真やパンフレットなどの資料や、時間や場所などを記したメモをもってくるようにおねがいしました。作文を書くときには、資料を参考《さんこう》にしながら書くと、イメージがわきやすいようです。

写真を見ていると、「衣装《いしょう》のドレスがきれいだったなぁ」とか、いろんなことが思い出せて、書きたいことが見つかるね！

2 ふせんを使って、文章を組み立てる練習

資料を見ながら、思い出したことを、まずふせんに書きます。ふせんをならべかえながら、文章に組み立てる練習をしました。何度もならべかえることができるので、消したり書いたりする必要がありません。

ふせんをならべながら、順番を考えてから、原稿用紙に書くことにしたよ。

CHECK POINT

どうして作文が書けないのか、まずは原因《げんいん》を見つける！

作文を書くのが苦手な学習障害（LD）の子の場合《ばあい》、そもそも文字を書くのが苦手なのか、イメージができないのか、文章をつくることができないのかなど、原因をみきわめ、サポートしていく必要があります。

❶漢字《かんじ》のまちがいが多かったり、枠《わく》から字がはみだしたりしていないか。

❷作文のルールを提示《ていじ》するなど、本人が書きやすい工夫《くふう》をしているか。

❸具体的《ぐたいてき》な指示《しじ》をしないまま、「がんばって」「もっとくわしく」などプレッシャーをかけていないか。

❹イメージをふくらますことができるよう質《しつ》問《もん》したり、資料を使ったりしているか。

❺時間を延長《えんちょう》する、放課後《ほうかご》の時間を使うなど、その子のペースで取り組める配慮《はいりょ》ができているか。

3
ルールシートをつくる

かぎかっこの使い方、マスのあけ方など、作文を書くときのルールを記したルールシートをわたしました。ルールシートを確認しながら書くことで、まちがいがへり、おちついて取り組めるようになりました。

作文のルールってすぐ忘れちゃうから、ルールシートは、とっても便利《べんり》！

⑪ さくらさんの場合

ストーリーが読み取れない

さくらさんって、ちょっとふしぎな子。

いつも、あんなに元気なのに、ときどき急におとなしくなるの。

この間《あいだ》も国語の時間、とつぜんだまりこんでしまって、先生が質問《しつもん》しても答えなかった。

やる気がないの？　国語のべんきょうがきらいなのかな？

なぜか、急におとなしくなっちゃった

ある日の国語の時間、教科書《きょうかしょ》を読んで、物語《ものがたり》の感想《かんそう》について、みんなで話し合うことになりました。「オオカミがかわいそう」「生まれ変われたらいいなと思いました」みんなは次々、感想を言います。

もしかしたら、ちゃんと教科書を読んでなかったの？

先生が、「さくらさんは、どう思いましたか？」って指名《しめい》したら、すっごくあわてて、「えっと……、えっと……」とドギマギ。もしかしたら、ちゃんと、お話を読んでいなかったのかな？

まわりの人が思うこと

さくらさん。べんきょうはきらいなのかなぁ。

さっきまであんなに元気だったのに、先生にあてられたら、まるで別人！

ちゃんと読んでないから、わからないんだよ！

そういえば、さっき先生が「あとで感想を聞くから、もう一度、最初《さいしょ》からじっくりお話を読んでみて」って言ったとき、さくらさんはぱらぱらと教科書をめくってはじめのほうだけ読んでいたみたいだけど、途中《とちゅう》であきちゃったのかな？　最後《さいご》まで、ちゃんと読んでいなかった！

となりの席のわたるさんに「きのうのMパラみた？」って話しかけて、先生に「しずかに」ってしかられていました。

だれだって、わかるところなのに！

さくらさんが答えられないから、先生がみかねて「じゃあ、オオカミはシラサギのことをどう思っていたと思う？」と質問を変えます。そのうえ、「わかるよね？　17ページを読んでみて」ってヒントを出しました。わたるさんが「ここだよ」って教科書を指《ゆび》さして、助け船を出すのですが、それでもさくらさんは顔を真《ま》っ赤《か》にして下をむいたまま、何も答えることができません……。

お話の中に「ずっと大好きだよ」というオオカミの言葉《ことば》があるので、そんなにむずかしい問題ではないのですが、なぜか、さくらさんにはわからないようです。

いつもマンガばかり読んでいて、本を読むのも、あんまり好きじゃないみたい。

やる気がないのかしら。困ったものだわ。

なんでこうなるの？

さくらさんは、どう思っているのかな？

1字1字、文字を読むのが大変《たいへん》

おしゃべりは好きなんだけど、読むのはとても苦手。文字や行が重《かさ》なって見えるし、たくさん文字があると、どこを読んでいるのかわからなくなる。だから、文字を追うだけでせいいっぱいで、みんなみたいに、長い文章《ぶんしょう》を、すらすら読むことはできないの。

言葉の意味《いみ》もわからない

教科書にはむずかしい言葉がたくさん出てくるから、最近《さいきん》、本当に困ってる。「去来《きょらい》」ってなんだろう？　来たの？　行っちゃったの？　どっち……って、言葉の意味を考えているうちに、ほかの人はどんどん先に進んでしまう。

先生は「わからない言葉があったら、辞書《じしょ》で調べなさい」って言うけど、読み方もおぼえられなくて、すぐ忘れてしまうから、どうしたらいいのかわからない。

そうだったんだ！　さくらちゃん、さぼっていたんじゃないのね。

頭の回転《かいてん》が速いさくらさんだから、まさか、読むのに苦労しているなんて、気づいてなかったわ。

さくらさんには、こんな特徴《とくちょう》があります。

知っておきたい

学習障害（LD）

文字や行をとらえるのがむずかしい

文字や行が重なって見えたり、文字の一部だけが見えてなんの文字なのかとらえづらかったりするようです。そのため、長い文章をみんなで音読《おんどく》していると、どこを読んでいるのかわからなくなり、途中《とちゅう》でついていけなくなってしまいます。

わからない漢字《かんじ》や熟語《じゅくご》がある

「去来」「下手《へた》」「屈強《くっきょう》」などの、ぱっと読んだだけでは意味がとらえにくい、むずかしい熟語があると、読み方がわからず、意味をつかむことができません。

話の内容をつかむことができない

物語を読んで、「だれが」「どこで」「何をしたのか」文脈《ぶんみゃく》を読み取り、内容を理解《りかい》することが苦手です。十数ページもある長い物語だと、途中であきらめて、読むのをやめてしまうことがあります。

質問されてもわからない

読みながら話の内容をつかむのが苦手だから、とくに長い物語は読んでも、ちっともストーリーがはいってこない。絵があると、わかりやすいので、マンガばかり読んでるの。

先生に「オオカミはシラサギをどう思っていたか？」って聞かれても、質問の意味がわからないよ。「オオカミはどうなったの？」「だれがだれのことを、大好きって言っているの？」「オオカミは死んだの？」って、頭の中がパニックだったの。

書いてあるからわかるはずだと思ってヒントをだしたけど、さくらさんは「ずっと大好きだよ」という言葉が、だれの言葉なのかわかっていなかったのね。

11 さくらさんの場合

こうすれば、うまくいきそう！

1 読みやすくする工夫《くふう》を教える

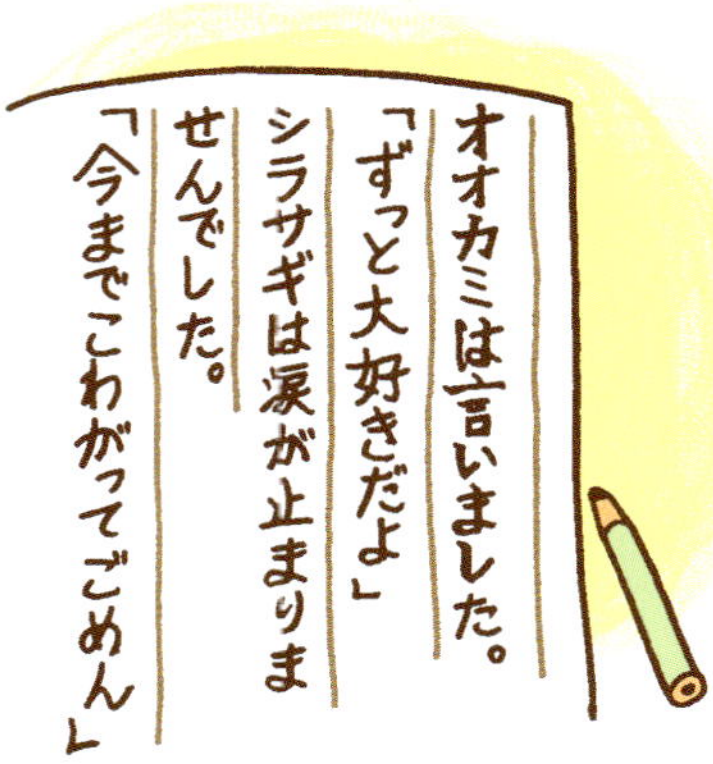

少しでも読みやすいよう、行の右側《みぎがわ》にうすく線を引いたり、定規《じょうぎ》や下敷《したじ》きを使って、読んだ行を隠《かく》しながら読み進める方法を教えました。

行を飛ばしたり、同じ行を読んだりしていたけど、これなら読みやすいね。

2 挿《さ》し絵《え》を見せながら、あらすじを伝える

長い物語を読む前に、「だれが」「どこで」「何をしたのか」、先生は挿し絵を見せて、あらすじをわかりやすく伝えました。

あらすじがわかれば、物語を読むポイントがわかり、さくらさんにもストーリーが理解しやすくなりました。

絵で想像しながら読んでいくと、ストーリーがわかったよ！　質問にも答えられそう。オオカミはシラサギのことが好きだったんだね。

CHECK POINT

長い物語を楽しく読めるようさまざまな工夫をする！

どんなに、おしゃべりが得意《とくい》で活発《かっぱつ》な子でも、読み書きが苦手で、人知れず苦労していることがあります。

「さぼっている」「やる気がない」と決めつける前に、ちゃんと読めているのかどうかを確認《かくにん》し、みんなといっしょに授業《じゅぎょう》が受けられるように、準備《じゅんび》しましょう。

❶文章を読むのが苦手な子に、何の配慮《はいりょ》もしないまま、長い物語を読ませていないか。

❷本人が「わからない」「むずかしい」と思いこみ、読むことをあきらめてしまっていないか。

❸ストーリーをつかむのが苦手な子の場合《ばあい》、イラストやマンガなどを使い、わかりやすくあらすじを伝えているか。

❹むずかしい言葉、漢字、熟語などは、ちゃんといっしょに調べたり、単語カードなどを使ったり、わかるように教えているか。

3
むずかしい言葉は、カードにする

わからない言葉に○をつけてもらい、先生といっしょに調べ、むずかしい漢字や熟語を単語《たんご》カードに整理《せいり》しました。

さくらさんがイメージしにくい単語は、図《ず》鑑《かん》で絵や写真を見せたり、インターネットで調べた画像《がぞう》を見てもらいました。

むずかしい言葉もおぼえられたし、だんだん読むのが楽しくなってきたよ。

⑫ さくらさんの場合

簡単《かんたん》な計算ができない

さくらさんは、3年生になって、どうやら算数でもつまずいているみたい。この間《あいだ》、2年生の復習《ふくしゅう》テストをやったんだけど、簡単なたし算、ひき算でも、いまだに指《ゆび》を使ってた！ しかも時間内に終わらないし、このままだと、ついていけなくなっちゃうよー。

3年生なのに、まだ指をつかっている?

2年生の復習テスト。簡単な2ケタのたし算・ひき算のプリントだったのですが、算数が苦手なさくらさんは、悪戦苦闘《あくせんくとう》。「14＋12」は、机の下でこっそり指をつかって、「4」「2」「1」「1」って数えながら、なんとか計算しています。

くりあがりや、くりさがりがわからないみたい

けれども、「15＋18」や、「21－15」などの、くりあがりやくりさがりがある2ケタの計算は、まったくできないようです。やり方を忘れてしまったのでしょうか?

まわりの人が思うこと

指を使っていると、10以上の計算はむずかしいよね?

どうして計算できないの？ そんなことで悩んだことがなかったから、どうやって教えていいのかが、わからないよ……。

さくらさん。おしまいだよ！

となりの席のわたるさんに、「ここどうなるの？」って聞いて、「これで合ってる？」とたしかめながら、書いては消し、消しては書き……。何度《なんど》もやりなおしながらやっているので、とても時間がかかります。

「はい！　おしまい」。時間になって、先生がポンと手をたたきました。

けれども、さくらさんは、時間内に終わることができなかった様子《ようす》。いっしょうけんめい、まだ、計算しています。

どうしてできないのかが、むしろふしぎ！

答え合わせの時間。簡単なたし算とひき算だったので、ほとんどみんな１００点満点！　なのに、さくらさんだけ満点をとることができませんでした……。

わたるさんがのぞきこんだら、半分もできていなくて、○は少ししかありません。できているのは簡単な計算だけで、くりあがりとくりさがりのある計算は、ぜんめつ。「だめだった」と落ちこんでいます。

もうすぐ、３ケタの計算もやらなければならないので、このままだとついていけなくなりそうです。

教えてもらったことなのに、何度も聞いてくるから、ちょっと迷惑《めいわく》なんだよね……。

数字の読み書きはできても、わかってないのかな？　前に教えたことも、忘れちゃったみたい。

⑫ さくらさんの場合

なんでこうなるの？

さくらさんは、どう思っているのかな？

たし算も指を使わないとできない

みんなはどうして、すぐに「14＋12」を、パッと計算できるのかな。わたしは、机の下でこっそり指をつかって、「1、2、3、4、5、6」「1、2」って数えながら、なんとか「26」ってわかった。だから、一つ答えを出すのに、すごく時間がかかるの。

くりあがりやくりさがりがあると、わからなくなる

授業《じゅぎょう》で計算の方法を教えてもらったのに、やり方がおぼえられない。結局《けっきょく》、みんなに知られると恥《は》ずかしいと思いつつ、指を使ってしまうの。

だけど、「13－9」は、指を使うこともできないし、どうしたらいいのかわからないよ。

こんな簡単な計算、むしろ指を使うほうがむずかしいと思うけど。

「10から9を引いて、1と3をたす」って、自然《しぜん》におぼえちゃったけど、ケタがちがうとわからないんだね。

さくらさんには、こんな特徴《とくちょう》があります。

知っておきたい
学習障害（LD）

数の概念《がいねん》がわからない

低学年の算数はなんとかやってこられていたようですが、さくらさんは、実は10より小さい数のこともわかっていませんでした。５は「１と４」または「２と３」の組み合わせだということが、さくらさんには理解《りかい》できていないのです。

複雑《ふくざつ》な方法を使っている

やり方がわからないので、さくらさんは、指を使うなど、自分なりの方法でいっしょうけんめいカバーしていました。なので、一つの計算をするのに、とても時間がかかっています。

計算の手順《てじゅん》がおぼえられない

そのため、２ケタの計算のやり方を教わっても、ちんぷんかんぷんで、まったくわかっていませんでした。

簡単なのに……って言われると、かなしい

わたし、みんなみたいに早くできない。みんなが終わって、自分だけまだできていないとき、「早く！」って言われると、ますますあせる。

それに、「簡単だよ」って言わないでほしい。簡単な問題もできないわたしって、本当にだめだなって、かなしくなるから。

そうだよね……。人それぞれ、苦手なものもあるものね。

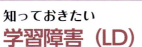

こうすれば、うまくいきそう！

1 暗算《あんざん》ができるよう、練習する

さくらさんのペースに合わせて、5は「1と4」または「2と3」の組み合わせだということがマスターできるよう、10までの数字について数の組み合わせをおぼえる練習を取り入れてみました。さくらさんがいやにならないようにスモールステップで、5ができたら、6、7……というように数をふやしていきます。

数の組み合わせをおぼえたら、指を使わなくても、だいじょうぶだね。

2 手順カードをつくる

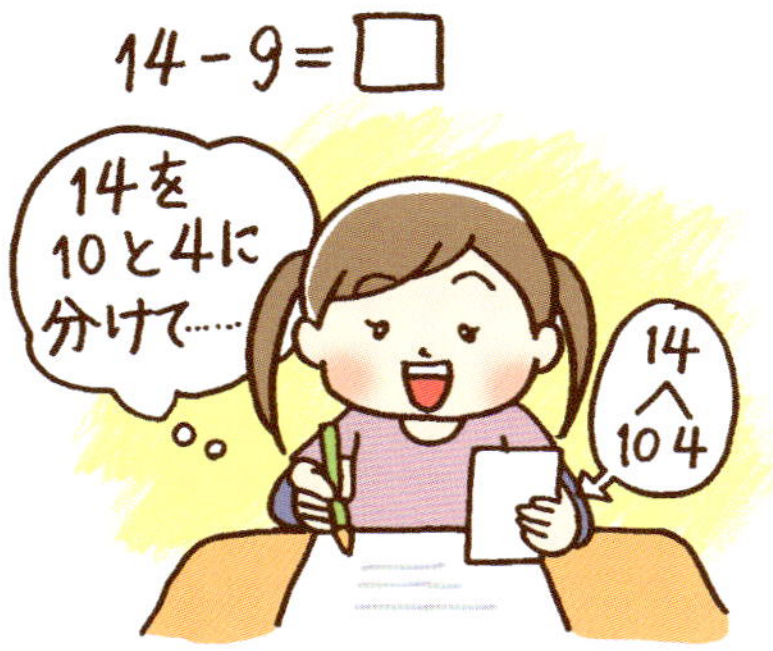

2ケタ以上の計算をするために、計算の手順を書いたカードをつくりました。カードを見ながら、手順のとおりに解く練習をします。最初《さいしょ》は、テストでも、カードを見ながら問題を解いてもいいことにしました。

いつのまにかカードがなくても、計算できるようになったよ！

CHECK POINT

つまずいているところを確認し、わかりやすい方法でやりなおす

算数についていけていない学習障害（LD）の子の場合《ばあい》、そもそも基礎的《きそてき》なことが理解できていないケースも多いのです。どこにつまずきがあるのかを確認《かくにん》し、場合によっては基礎からやりなおす必要があります。

❶数の概念、1ケタの計算がマスターできているか。

❷一つの問題を解くのに、時間がかかりすぎていないか。

❸たす、ひく、かける、わるなどの記号の使い方を理解できているか。

❹指を使う、複雑なやり方で式を解くなど、自分なりの方法を使っていないか。

❺算数ができないことに極端《きょくたん》な苦手意識《いしき》をもったり、自信《じしん》をなくしたりしていないか。

3
全問《ぜんもん》を解かなくてもいいルールにする

さくらさんがおちついて取り組めるよう、「①から⑤までは、かならず解いてください。できた人は⑩までやりましょう」と、すべての問題をやらなくてもいいルールをつくりました。

いつも時間がたりなくなって、困っていたの。
ゆっくり考えながら、計算できるね！

この本に出てくる４人のおともだちの、

特徴《とくちょう》を
ふりかえってみよう！

5年生　こはるさん

- 文字を声に出して読んだり、自分が考えたことを話したり、発表《はっぴょう》したりすることがむずかしい
- やさしい性格なのに、自信《じしん》がもてず、いつもおどおどしている

5年生　りょうさん

- 文字を書くのが苦手で、ぐちゃぐちゃな字を書いてしまう
- いっしょうけんめい聞いているのに、聞きもらしてしまうことが多く、忘れものばかりしている

3年生　だいきさん

- べんきょうは得意《とくい》で成績《せいせき》もトップクラスなのに、なぜか九九がおぼえられない
- 文章《ぶんしょう》問題も苦手で、算数の時間だけ、やる気をもてない

3年生　さくらさん

- 活発《かっぱつ》な性格だけど、作文がじょうずに書けない、物語のストーリーを読み取れないなど、意外《いがい》に苦手なことが多い
- 簡単《かんたん》な計算もむずかしい

第2章
どこがちがうの？ 学習障害（LD）の子の得意なこと・苦手なこと

学習障害（LD）とは、どんな障害なのでしょうか。
どうして、得意なことと苦手なことにばらつきがあるのか、
どんなことで困っているのか。
知っておけば、いざというときに協力《きょうりょく》し合ったり、
助け合ったり、できるはずです。

1 学習障害（LD）って何？どんな人たちなの？

脳《のう》の働《はたら》きにかたよりがある

脳は、情報《じょうほう》を整理《せいり》し、行動を決める司令塔《しれいとう》の役割《やくわり》をもっています。

わたしたちは、ふだん目や耳、鼻《はな》、皮膚《ひふ》などの感覚器官《かんかくきかん》からまわりの情報（見たものや聞いたもの）を取り入れ、その情報を脳へと送っています。

脳は、取り入れた情報を記憶《きおく》にある知識《ちしき》とてらしあわせながら、次に何をするのかを決め、運動器官《うんどうき かん》に命令《めいれい》を出します。つまり、わたしたちは、脳の命令により、体を動かしたり、話したりしているのです。

ところが、LDの人の場合、この脳の働《はたら》きの一部にかたよりがあるのではないかと考えられています。

極端《きょくたん》に不得意《ふとくい》なことがあり、べんきょうでつまずく

そのため、主《おも》に「聞く・話す・読む・書く・計算する・推《すい》論《ろん》する」といった力にばらつきがみられ、べんきょうでつまずいてしまいます。

人はだれでも、得意なことと不得意なことがあります。けれども、LDの人の場合、極端に不得意なことができてしまいます。

教科《きょうか》の学習にあてはめると1～2年以上おくれるため、授業《じゅぎょう》につ

いていけず自信《じしん》をなくしてしまったり、やる気を失ってしまったりすることがあります。

できることと苦手なことの差が大きい

ただし、「学習障害」だからといって、すべての学習ができないわけではありません。

りょうさんのように「読むのは得意だけど、書くのが苦手」、だいきさんのように「成績《せいせき》はトップクラスなのに、算数だけは理解《りかい》できない」など、人によってできることとできないことが、それぞれちがいます。

苦手なこと以外はできているので、「なぜ、これができるのに、これができないの？」「簡単《かんたん》なことなのに」とふしぎがられたり、「できるのに、さぼっている」「努力《どりょく》が足りない」と思われたりします。

けれども、どうしてみんなと同じようにできないのか、一番ふしぎに思い、困っているのは本人なのです。

生まれつきの特性だということをわかって

LDは、生まれつきの脳の特性によるものです。完全《かんぜん》になおすことはできませんが、特性に合わせた工夫《くふう》をすることで、弱いところをカバーできるようになります。そして、ゆっくりとでも、その人なりに成長していくことができます。

できるだけ早く、まわりがLDの人が困っていることに気づき、協力《きょうりょく》しながらその人に合った学習の方法を見つけていくことが、とても大切《たいせつ》なのです。

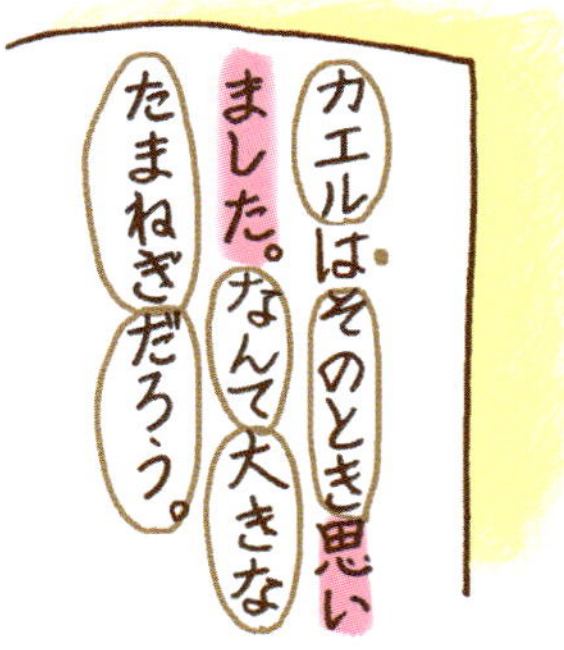

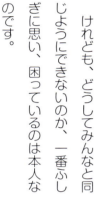

2 学習障害（LD）の子は、どんなことが苦手なの？

脳《のう》の連携《れんけい》プレーで発音する

「読む」「話す」といった行動をスムーズに行うためには、司令塔《しれいとう》である脳が、すばやく働《はたら》いています。

たとえば、「りんご」と話すとき。脳の中では、まず「思い浮かべたこと」を、ストックしてある「知っている言葉《ことば》（辞書《じしょ》）」とてらしあわせ、ぴったりくるものをさがします。

そして、「り・ん・ご」という音が見つかったら、脳がのどやくちに命令《めいれい》を出し、「りんご」と発音するというプロセスが、一瞬《いっしゅん》でおこなわれているのです。

LDの人は、こうした脳の連携プレーのどこかがうまく働かないため、スムーズに言葉が出なかったり、まちがえたりしてしまうのだと考えられています。苦手なことは、人によってさまざまですが、次のようなものがあります。

LDの子が苦手なこと①
見たものを区別《くべつ》して読み取ること

文字を読んだり書いたりするためには、文字のパーツの大小や形などを正しく見分けなければなりません。

「は」と「ほ」、「6」と「9」など、似ている文字は、6歳くらいになると、見分けることができるようになります。

ところが、LDの人の中には、見たものを区別するのに時間がかかったり、正しくとらえる力が弱かったりする人がいます。

見たものを区別することができないと、よく似た文字を読みまちがえたり、正しい漢字《かんじ》が書けなかったり、読み書きに困難《こんなん》があらわれます。

LDの子が苦手なこと②　聞いたものを区別して聞き分けること

人の話を理解《りかい》するためには、音を正しく聞き分ける力が必要です。LDの人の中にはその力が弱く、「ねこ」と「ねっこ」、「クラス」と「グラス」などの音のちがいが、聞き分けられない人もいます。

耳から聞いた情報《じょうほう》を、脳の中でうまく処理《しょり》することができていないのです。

LDの子が苦手なこと③　必要な情報を取り出すこと

わたしたちは、ふだん、何気《なにげ》なくものを見たり聞いたりしています。でも実《じつ》は、多くの情報の中から見ようとするものや聞こうとするものをえらんで、必要な情報だけ読み取っています。

たとえば、文字がたくさんならんでいる教科書《きょうかしょ》から読みたいところだけ読むことや、休み時間のさわがしい校庭でともだちと話ができるのも、そのためです。

けれども、LDの人の中には、見えているものや聞こえてくる音が、脳の中にすべて同じように入ってきてしまう人がいます。

必要な情報だけを、うまく取り出すことができず、大切なことを聞きのがしてしまったり、見落としてしまったりして、べんきょうについていけなくなってしまうこともあります。

LDの子が苦手なこと④
二つ以上の作業《さぎょう》を同時に行うこと

ふだんの生活や、べんきょうをしていくなかで、「聞きながら書く」「音読《おんどく》（声に出して文字を読む）」など、二つの作業を同時に行うことがあります。

たとえば「聞きながら書く」は、耳から入ってきた音の情報を、脳の中で文字という情報におきかえ、手指《てゆび》を使って書くところまでを行う作業です。

一方《いっぽう》で「音読」は、目からとらえた文字という情報を、脳で読み取って、脳の中で音の情報におきかえ、それを声に出さなければならない作業です。

つまり「音読」は、目から取り入れた情報を、脳を介して、「声に出して読む」という別の行動に移す作業ともいえます。

LDの人の中には、こうした二つの作業を同時に行うことが苦手な人がいます。

LDの子が苦手なこと⑤
空間《くうかん》をイメージすること

わたしたちは、自分を中心にまわりのものの位置《いち》や大きさを、上下、左右《さゆう》、東西南北《とうざいなんぼく》、縦《たて》、横《よこ》、高い、低いなどの感覚《かんかく》を使ってイメージしています。

LDの人の中には、この感覚ににぶさのある人がいます。位置や大きさがイメージできず、そのため、読み書きにも困難がうまれます。

左右の感覚がわからないため、「く」を「＞」と、「し」を「J」と書くなど、鏡《かがみ》にうつしたような文字を書いたり、漢字のへんやつくりを逆に書いたりすることがあります。

「bとd」「pとb」などのローマ字も、線のむきがすぐには区別しづらいため、LDの人にはむずかしいといわれています。

そのほか、地図が読めない、絵をかくのが苦手などといった特性としてあらわれることもあります。

LDの子が苦手なこと⑥ 数字や記号におきかえて計算すること

LDの人の中には、具体的《ぐたいてき》なものを数えることはできても、それを数字や記号におきかえて考えることがむずかしい、という人がいます。

たとえば、「3つ」のりんご、「3本」のえんぴつといったものを、「3」という数字でとらえることができません。

また、12枚のクッキーを数えて、それを3人で分けることができても、「12÷3」という式におきかえて計算することはむずかしいのです。

LDの子が苦手なこと⑦ 注意《ちゅうい》したり記憶《きおく》したりすること

授業にかかわる先生の話など、大切《たいせつ》な話に注意をむけて聞き取ったり、聞いたことをおぼえたりすることが苦手な人もいます。

そのため、似た言葉を聞きまちがえたり、重要なポイントを聞きもらしたりしてしまいます。

また、「ほうきではいて、ごみはごみ箱に捨てて」など、二つの指示《しじ》をいっぺんに出されるとおぼえておくことができません。

LDは、学習面に困難が生じる発達障害

LDは、知的《ちてき》障害とは異なります。また、視覚《しかく》障害や聴覚《ちょうかく》障害など、身体的な原因《げんいん》でおこるものでもありません。

日本では、LDのほか、コミュニケーションや想像力に特性がみられる自閉スペクトラム症（ASD）、注意力や行動・感情のコントロールがむずかしい注意欠如《けつじょ》・多動症《たどうしょう》（ADHD）、トゥレット症候群《しょうこうぐん》、吃音《きつおん》などが、まとめて発達障害とよばれています。

いろいろな特性をあわせてもっている人も多く、年齢《ねんれい》などによっても目立つところがちがうため、専門のお医者さんでも簡単《かんたん》には見分けることがむずかしい場合《ばあい》もあります。

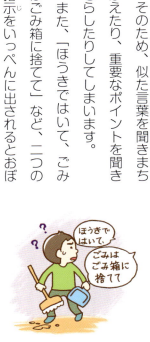

3 みんなが楽しくすごせるように、何を手《て》伝《つだ》ってあげたらいいの？

① 変えさせるのではなく、てだてをふやす

LDの人は苦手さとつきあいながら、自分なりに工夫《くふう》した「やり方」を身につけていることがあります。「まちがっている」と否定《ひてい》したり、やめさせたりすることはありません。できることからゆっくり取り組み、新しい方法をふやしていけるよう協力《きょうりょく》することが大切《たいせつ》です。

② 「見えやすい」「聞こえやすい」教室に

見ることや聞くことで困っているなら、見えやすく、聞こえやすい教室になるよう協力しましょう。ノートを見せたり、文字を代わりに読んだり、できることがあるはずです。

③ 苦手な課題は少なくし、負担《ふたん》をへらす

読み書きや計算に時間がかかる場合《ばあい》、できるだけ課題は少なくし、計算機やICT《アイシーティー》機器（タブレットやパソコン）を使うなど、負担をへらす工夫をしましょう。

④いつでも確認《かくにん》できるようにしておく

答えやヒントをいつでも確認できるように、早見表《はやみひょう》をはったり、カードなどを用意《ようい》したりしておきましょう。また、聞きもらしたり、聞きまちがえたり、見逃《みのが》したりしていることがないよう、重要なポイントをわかっているかどうか、必ず確認しましょう。できるだけ、メモやプリントをわたすようにします。

⑤できること・得意《とくい》なことをいかす

LDの人は、「みんなと同じようにわかりたい」「できるようになりたい」と思っています。けれども、同じ方法でがんばっても自分だけできないことに気づき、困ったり、悩んだりしています。そのため、はげましの言葉《ことば》をかけると、かえって傷《きず》つけてしまう場合もあります。苦手なところばかりが目立ってしまうと、どんどん自信《じしん》をなくしてしまいます。できることや得意なことをいかして、自信をもてるような機会《きかい》をつくっていくことも大切です。

⑥「教えて」「助けて」と言えるクラスに！

自分で解決《かいけつ》できないことがあるとき、近くに得意な人がいたら、「教えて」「助けて」とたのめるほうがいいですよね。助けてほしいときは、「助けて」と言っていいのです。手助《てだす》けを受けることは悪いことではなく、わからないことを理解《りかい》できるようになるためには、力を借りるほうがいいのだと伝えましょう。気軽《きがる》に助け合えるクラスがすてきです。

先生・保護者のみなさま・大人の読者の方へ

学習障害（ＬＤ）の子どもたちは、ほかの子どもたちと同じように「もっと学びたい」「べんきょうができるようになりたい」「わかりたい」と思っています。

けれども、ほかの子どもたちと認知のシステムや感覚がちがうため、情報共有がむずかしく、授業についていけなくなってしまったり、極端に苦手なことができてしまうのです。

まわりの大人がＬＤだということに気づかず、「どうしてそんなこともできないの？」「何度も言っているのに」と叱責したり、苦手なことを克服させようとして特性に合わない学習方法を強要したりしても、本人が困っていることは解決されません。それどころか、「私はダメだ」と自信を失ってしまったり、「どうせやってもムダ」とやる気をなくしてしまったりするのです。

この本に出てくる４人も、さまざまな場面で人知れず苦労していることがわかってもらえたのではないかと思います。

２００５年に「発達障害者支援法」という法律が施行され、これまでは支援の対象となっていなかった発達障害の人を「学校や職場などで支えていこう！」と決められました。また、２０１６年には「障害者差別解消法」が施行され、学校などでの「合理的配慮」が義務づけられました。

学校の中でも、できる範囲でＬＤの子たちがわかりやすい授業を行い、しっかりと必要なことを伝え、学びやすい環境を整えていくことが急務となっています。

特性に合った学び方を工夫することで、ＬＤの子はゆっくりと発達し、必ず変化していきます。大切なのは学校や日々の暮らしの中で、「わかった！」「できた！」という達成感が得られる経験をふやすこと。そのためには、まず大人がＬＤを理解し、その子の特性を知る努力をする必要があります。

それぞれの個性を認め合い、みんなで協力しながら、工夫し、助け合える、そんなクラスになっていくといいですね。

おわりに

学習障害（ＬＤ）の人たちが、学校生活で、どんなことに困っているのか、
少し、わかってもらえましたか？

ＬＤの人たちは、ちょっとみんなとちがいます。
でも、「ちがう」ということは、悪いことばかりではありません。

学校では、苦手なことばかり目立ってしまうかもしれませんが、
得意《とくい》なことや、ちがいがあるからこそできることも、
たくさんあるのです。

どこがちがうのかを考えたり、
どうすればうまくいっしょにやれるのか作戦をねったり、
ちがいをいかして協力《きょうりょく》したり……。

そんなふうに、楽しむことができれば、きっと、
みんなの世界は、どんどん広がっていくはずです。

参考資料など

『発達と障害を考える本③　ふしぎだね!?　ＬＤ（学習障害）のおともだち』
内山登紀夫　監修／神奈川ＬＤ協会　編（ミネルヴァ書房）

『新しい発達と障害を考える本③　もっと知りたい！　ＬＤ（学習障害）のおともだち』
内山登紀夫　監修／神奈川ＬＤ協会　編（ミネルヴァ書房）

『新しい発達と障害を考える本⑥　なにがちがうの？　アスペルガー症候群の子の見え方・感じ方』
内山登紀夫　監修／尾崎ミオ　編（ミネルヴァ書房）

『新しい発達と障害を考える本⑦　なにがちがうの？　ＬＤ（学習障害）の子の見え方・感じ方』
内山登紀夫　監修／杉本陽子　編（ミネルヴァ書房）

『ディスレクシア　発達性読み書き障害トレーニング・ブック』
平岩幹男　著（合同出版）

『子ども・大人の発達障害診療ハンドブック』
内山登紀夫　編（中山書店）

『アスペルガー症候群を知っていますか？』
ローナ・ウィング　監修／内山登紀夫　著（東京都自閉症協会）

『発達障害　キーワード＆キーポイント』
市川宏伸　監修（金子書房）

監修者紹介

内山登紀夫（うちやま　ときお）

精神科医師。専門は児童精神医学。順天堂大学精神科、東京都立梅ヶ丘病院、大妻女子大学人間関係学部教授、福島大学大学院人間発達文化研究科学校臨床心理専攻教授を経て、2016年4月より大正大学心理社会学部臨床心理学科教授。2013年4月より福島県立医科大学会津医療センター特任教授併任。よこはま発達クリニック院長、よこはま発達相談室代表理事。1994年、朝日新聞厚生文化事業団の奨学金を得て米国ノース・カロライナ大学TEACCH部シャーロットTEACCHセンターにて研修。1997〜98年、国際ロータリークラブ田中徳兵衛冠名奨学金を得てThe center for social and communication disorders（現The NAS Lorna Wing Centre for Autism）に留学。Wing and Gouldのもとでアスペルガー症候群の診断・評価の研修を受ける。

デザイン　大野ユウジ（co2design）
イラスト　藤井昌子
DTP　レオプロダクト
編集協力　尾崎ミオ（TIGRE）
企画編集　SIXEEDS

あの子の発達障害がわかる本②
ちょっとふしぎ
学習障害LDのおともだち

2019年3月10日　初版第1刷発行　〈検印省略〉
定価はカバーに
表示しています

監修者　内山登紀夫
発行者　杉田啓三
印刷者　森元勝夫

発行所　株式会社　ミネルヴァ書房
607-8494 京都市山科区日ノ岡堤谷町1
電話 075-581-5191／振替 01020-0-8076

モリモト印刷

ISBN978-4-623-08501-9
Printed in Japan